U0050837

高齡者健康促進系列叢書

退休後的心理調適與生活經營

Managing Your Retirement Life

羅黨興、羅瓊娟◎著

謝董事長推薦序

依據行政院主計處的統計，至民國100年臺灣地區65歲以上的老人已達2,487,893人，佔總人口的10.74%。依行政院經建會2009年推估，106年我國高齡人口將達14%，約331萬人，進入高齡社會（Aged Society），我國將成為全世界老化速度最快的國家，如何協助其準備及適應老年期，將是社會教育之重要使命。

國際組織與先進國家為因應高齡社會的來臨，相繼將老年政策列為國家發展的重點策略之一，並陸續投注心力與資源。1971年美國老化研討會強調要重視高齡者的需求；1974年聯合國發表老年問題專家會議報告，建議重視高齡者的差異性，所有國家都應制訂提高高齡者生活品質的國家政策；1986年日本提出「長壽社會對策大綱」，1995年進一步頒布「高齡社會基本法」，更加重視有關老人的相關措施；1996年國際老人會議重提「老人人權宣言」；因應這股高齡化的國際潮流，聯合國遂將1999年訂為「國際老人年」，希冀各國同心協力共同創造一個「不分年齡、人人共享的社會」。

相對於世界各國對高齡社會的關注及高齡者問題的多元因應政策，迄今，我國對高齡者有關政策仍以社會福利、醫療照護居多；教育部民國95年進一步提出「老人教育政策白皮書」，期藉教育的力量，使民眾瞭解社會正面臨快速老化的嚴厲考驗，以

及具備正確的態度來看待老化現象，並具備適應高齡化社會的能力。

世界衛生組織在「活躍老化：政策架構」報告書中，將健康（health）、社會參與（participation）和安全（security）視為活躍老化政策架構的三大支柱。如何長期維持活絡的身心機能、樂活養生、過著身心愉悅的老年生活，創造生命的另一個高峰，是高齡者人生重要的課題。總體來看，我國面對高齡社會與高齡者議題已著手因應。

近年，產、官、學相繼提出老人年金、高齡健保政策，足見社會對老人議題極為重視與關注。作為一位醫界的成員，筆者主張人無法迴避老化現象，但卻可以「活躍老化」；就此，多年來倡議「三養生活」以作為高齡者生活的重心：

1.營養：能關注飲食的適量。
2.保養：能適時的維持運動。
3.修養：能以善心善行自修。

果如此，當可達到「老有所養」、「老有所學」、「老有所尊」、「老有所樂」的體現，而我傳統文化所追求的「老吾老以及人之老」將可獲得具體實踐。爰此，本系列叢書由本校許義雄榮譽教授的主持下，邀請多位學者專家分別就：醫療照護、養生保健、運動介入、休閒旅遊、社會參與、照顧政策及價值重塑等面向，共同編撰一系列高齡者健康促進叢書，從宏觀的角度，整

合多面向的概念，提供高齡者健康促進更前瞻、務實且具體的策略與方案，亦是對「三養生活」最佳的闡釋。

本校民生學院於民國90年成立「老人生活保健研究中心」強調結合學術理論與落實生活實踐，提供科技人文整合之老人生活保健研究、社會教育、產業合作、社區服務等專業發展。於近年內完成多項就業學程之申請（「老人社會工作就業學程」、「銀髮族全人照顧就業學程」）、舉辦「樂齡大學」、每學期辦理校園內老人相關專業講座及活動多達十餘場；包括老人生活、食、衣、住、育、樂、醫療保健、照顧服務、長期照顧等，讓學生、參與學員及長者，除了獲得老人相關專業知識外，並培養學生對長者關懷與服務之精神。而編撰此系列高齡者健康促進叢書，亦是秉持本校貢獻專業，關懷長者的用心，更是體現落實「教育即生活，生活即教育」的教育理念的體現。在對參與學者利用課餘的投入撰述表達深切的敬意時，謹以為序。

實踐大學董事長

謝孟雄　謹識

陳校長推薦序

隨著醫藥科技與公共衛生的長足進步，以及生活環境的大幅改善，致使全球人口結構逐漸高齡化，高齡人口的比例上升，平均壽命逐年延長。已開發國家中，65歲以上人口比例多數已超過7%以上，甚至達到15%，而且比例仍在持續成長中。從內政部人口結構變遷資料顯示，民國83年我國65歲以上高齡人口總數，占總人口數的7%，已符合聯合國衛生組織所訂之高齡化國家標準；推估時至130年，我國人口結構中，高齡人口比例將達22%；也就是說，不到五個人中就有一人是高齡者，顯示一個以高齡人口為主要結構的高齡社會即將來臨，這是一個必須嚴肅面對的課題。

有鑑於臺灣人口高齡化之發展，需要大量的高齡社會專業人力，本校於99學年在謝孟雄董事長及許義雄榮譽教授的大力推動下，成立「高齡健康促進委員會」。結合校外友校資源，共同朝建置高齡健康促進叢書，倡議高齡健康促進服務方案新模式，進行高齡體適能檢測常模及老人健康促進行為，進行培育體育健康促進之種子師資，推廣有效及正確之中高齡長者運動健康促進方案，提升全國樂齡大學及樂齡學習中心，希望將高齡者運動健康促進能透過學術資源。同時，本校民生學院設有「老人生活保健研究中心」推廣「老人學學分學程」、老人相關就業學程及產學合作案，設有「高齡家庭服務事業碩士在職專班」，推廣部設有「老人保健學分班」。於97學年度承辦教育部「大學院校開設老人短期學習計畫」，舉辦「優活人生——實踐銀髮元氣體驗營」，旨在以「優活人生」為核心，透過「健康人生」、「美麗人生」、「元氣人生」、「和樂人生」、「精彩人生」等五大主軸課程設計，規劃多元學習模式，如「代間學習」、「住宿學習」、「旅遊學習」、「小組討論」、「專題講座」、「經驗分享」、「體驗學習」、「成果展演」等，協助高齡者成為終身學習、獨立自主、自信尊嚴、健康快樂的活躍老人。該活動也招募大學生擔任樂齡志工，協助高齡長者認識校園並融入校園，讓學生與高齡者能共聚一堂一起上課，促進世代交流與共教共學之機會。參與該活動之長者，皆給予該活動高度肯定，對於能深入校園一圓當大學生之夢想深表感謝與感動。

為落實對高齡者的健康促進，於彰化縣二水鄉的家政推廣實驗中心進行推廣。四十年來，在實踐大學辦學理念、專業規劃及師資支援下，拓展成唯一一所兼具「老人大學」、「社區大學」、「生活美學」、「媽媽教室」的社會教育重鎮。老人大學的成立，係以貫徹「活到老、學到老、玩到老、樂到老、活得好」的精神，希望藉著各項研習課程，讓中老年人在課程當中交誼、在課程當中擴增視野，在課程當中活健筋骨，在課程當中增進身心的健康，並且在生活當中享受優質、活力的智慧人生。教學深入各社區，除了有助於社區老人研修外，更有利於各地區的文化深耕運動。

我國在面對高齡社會與高齡者議題已然積極著手因應，為求整合性作為，是以在本校許義雄榮譽教授的主持下，邀請多位學者專家分別就：醫療照護、養生保健、運動介入、休閒旅遊、社會參與、照顧政策及價值重塑等面向，共同編撰一系列高齡者健康促進叢書，從宏觀的角度，整合多面向的概念，提供高齡者健康促進更前瞻、務實且具體的策略與方案。在對所有參與學者表達敬意時，謹以為序。

實踐大學校長

陳振貴 謹識

總策劃序

高齡者的問題，不只是國際問題，更是社會問題。一是家庭形態改變，核心小家庭，經濟負擔加劇，高齡者的生活照顧頓成沉重負擔；二是價值觀丕變，現實功利主義盛行，從敬老尊賢，到老而不死是為賊的隱喻，徒使高齡社會面臨窘境；三是生命的有限性，生、老、病、死，終究是人生宿命，健康走完生命旅程，成為人類共同面臨的重要挑戰。

因此，自聯合國始，至各國政府，莫不竭盡所能，研擬適當因應策略，期使舉世高齡者，能在告老返鄉之餘，安享天年，無憾人生。其中，從高齡者的食、衣、住、行到育、樂措施，從醫療、照護到運動、休閒，無一不是以高齡者之健康促進為考量。

具體而言，從1978年世界衛生組織（WHO）發表「人人健康」宣言，力主「健康是權利」以來，各國莫不採取相應對策，保障人民健康權利。特別是1982年，「聯合國維也納世界老人大會」在通過「維也納老人問題國際行動方案」之後，陸續推出「健康城市計畫」（1988），「聯合國老人綱領及老人之權利與責任」（1991）、「聯合國老人原則」（1992）、「健康促進策略」（1998）、「老人日的訂定」（1999）、「馬德里老化國際行動方案」（2002）、「飲食、身體活動與健康全球戰略」（2004），及「飲食、身體活動與健康全球戰略：『國家監控和評價實施情況的框架』」（2009）、「關於身體活動有益健康的全球建議」（2010）、「為健康的未來做改革」（2012）等。可以說，聯合國作為火車頭，帶領著各國建立：(1)健康的公共政策；(2)創造支持健康的環境；(3)強化健康社區運動；(4)發展個人健康技能；(5)調整衛生保健服務取向等政策；讓老人能有獨立、參與、照護、自我實現與有尊嚴的晚年。

因此，各國或立法，或研訂行動方案，落實全球老人健康之維護。如「日本老人保健法」推動「老人保健事業」（1982），訂定「健康日本21」（2000）；韓國「敬老堂」政策之推進（1991）；美國「健康國民2000」（1994）；中國「全民健身計畫—國民健康整建計畫：健康人民2000」（1994）；德國「老人摔倒預防計畫」，及「獨居老人監控系統」（2012）等等；其中，尤以芬蘭的「臨終前兩週才臥床」的策略，最為世人所稱道。

近年來，臺灣積極推動「老人健康促進計畫」（2009-2012），公布邁向高齡社會「老人教育政策白皮書」，提倡預防養生醫學、推動「樂齡大學」、舉辦「社區老人大學」，實施「老人體能檢測計畫」等，充分顯示政府對老人健康促進之重視。

實踐大學作為配合政府政策，培育人才之機關，旋即於2002年成立「老人生活保健研究中心」，同年並率風氣之先，開設二年制「老人生活保健研究所學分班」，2010年成立「高齡者健康

促進委員會」，整合校內外資源，研擬高齡者運動健康促進系列叢書之編撰、高齡者體能檢測工具之研發、高齡者運動保健師證照之規劃、高齡者簡易運動器材之製作、高齡者健康促進推廣與輔導等，以理論與實際交融，學科與術科並濟，彙整志同道合之先進賢達，眾志成城，共同為社會略盡棉薄，冀期有助於促進國內高齡者之健康，成功老化，樂活善終。

本叢書以高齡者日常生活之議題為基礎，配合食、衣、住、行、育、樂之實際需要，如高齡者食品與營養、服飾設計、空間規劃、觀光旅遊、運動處方、身心靈活動設計等，約近十數冊，分門別類，內容力求簡明扼要，實用易行，形式臻於圖文並茂，應可契合產官學界選用。尤其，撰述者皆服務於大學校院相關系所之碩學俊彥，學有專精，堪稱一時之選，著書立說，當為學界所敬重。

本叢書之問世，感謝實踐大學謝董事長孟雄之鼎力相助，陳校長振貴之全力支持，撰述同仁之勞心勞力，焚膏繼晷，尤其揚智文化事業公司之慨然應允出版，一併深致謝忱。惟因叢書編撰，費神費事，錯漏在所難免，尚祈方家不吝指正。是為序。

實踐大學榮譽教授
臺灣師範大學名譽教授
許義雄 謹識

作者序

首先，我們想說的是，在這個時間點來寫這個主題，具有非常特別的社會意義。因為自2007年起直至現在，適逢戰後嬰兒潮的大量退休期，雖說世界各國的起始年不一，但回顧過去人類的歷史，這可算是第一次。

第二次世界大戰之中倖存的人們，在戰後都承擔了經濟復興與災區重建的重大責任。接著他們的下一代，大多數都幸運地在一個和平安定的環境中成長，並且受到了良好的教育，也承擔起繼承與延續繁榮的使命。在今天看來，他們並沒有辜負在戰爭中犧牲與無辜上一代的期望。

二戰倖存的人們受盡了苦難，接著在戰後又背負著那麼艱鉅的任務。我們對那時代的先人們，都抱著深切的感激與最高的崇敬之心。相較之下，戰後出生的人們，就幸福得多了。經過了無數次社會運動的衝擊，已經上軌道的國家，今日大部分都已建立了一套頗為完善的社會福利制度，能夠合理的提供曾經為社會奉獻過的人們在生活上的基本保障。我們相信，任何一位成熟穩健的社會公民，也都會懷著深深的感恩之意。

但是，一個制度無論它是如何的完善，在經過社會結構的重整與環境的變遷之後，都必須做一個適度的調整或是改革。社會福利制度當然是其中非常重要的一環。我們審視今日的制度，可以發現它與十年前的制度相比，已經做了很大程度的調整。原因是許多國家在這些年，都面臨著嬰兒潮大量退休的問題。工作人口因此劇減，自然直接影響到國家的稅收。而稅收的不足，又如何去支付社會福利制度下所需要的龐大費用。這確實是國家一個沉重的負擔，對即將享受社會福利的退休族來說，也是一個非常令人憂心的問題。所以社會福利制度的再改革，成為許多國家一個無可避免的重大課題。明白的說，改革成功與否，關係著該國家社會安定與否的問題。

筆者在本書裡想要探討的，不是國家社會福利制度的改革問題，而是建議在這些年退休的朋友們，應該如何因應現有的制度與環境變化，接下來又如何安排往後數十年的新人生規劃。我們以為，退休並不代表人生將逐漸走向終點，更不代表所有的活動也將慢慢吹起熄燈號。它只是給了您一個可以放慢腳步，暫且休息，並且重新思考如何開展另一個人生夢想舞臺的機會。從另一個角度來看，退休制度也是整個社會的一個「新陳代謝」，這才能使社會注入新血，永續地保持活力與向前邁進的循環。所以，我們是以樂觀積極的態度來看待退休這個問題，期待每一位退休的朋友都有一個快樂而充實的第二人生。

「他山之石可以攻錯」，每一個國家都有值得他國學習參考的制度。本書除了有兩位作者的專門領域經營學的知識與經驗外，也因筆者曾長期在日本工作與留學，加上留美的經歷，故同

時參考了日、美學者的學術研究成果，特別是日本的社會結構和我國相似，因其社會運動發展得較早，其制度面也已經過了無數次的社會考驗，非常值得作為我們的借鏡。

最後，本書著重於退休者的心理調適和生活的經營設計。關於理財投資和醫療保健的問題論述不多，不足之處懇請讀者們能諒解，同時期待本書也能達到拋磚引玉的影響力。希望讓關心這個問題的朋友們能獲得更多元的參考方向，這也是筆者撰寫此書的主要動機，最期盼的是讀者們能賜給我們更多寶貴的意見和指教。

美國加州州立大學Walking Asia
中國問題研究所研究員
羅黨興 謹識

實踐大學推廣教育部企劃組長
羅瓊娟 謹識

目 錄

謝董事長推薦序 i
陳校長推薦序 v
總策劃序 ix
作者序 xiii

前 言 1

第一章 認識退休 3

第一節 「談老」 4
第二節 精神與認知機能的退化 9
一、精神機能的衰退 9
二、認知機能的退化 10
第三節 退休與不安 13
問題與討論 22

第二章 未雨綢繆 有備無患 23

第一節 經濟生活的規劃 25
一、基本開銷 25
二、投資要領 26
三、金融商品投資 27
四、股票投資 28

五、共同基金 30
六、購買以個人為對象的國債 31
七、外幣投資 32
八、黃金買賣與投資 33
九、房地產投資 34
十、確保主要生活支柱無虞 37
第二節 安身立命 42
一、捍衛健康 42
二、醫療保險 44
三、自我保健與家庭醫生 52
四、生前信託 55
第三節 心理調適 56
一、家庭的和諧 56
二、家庭生活體檢 58
問題與討論 62

第三章 新生活的設計與經營 63

第一節 仍有工作的願望和熱情 65
一、轉行 66
二、創業 68
三、到海外的開發中國家工作 71
四、堅守現有的工作 75
第二節 半工半休 77
一、契約制員工 78
二、進修並在取得資格後轉行 83
三、先節流後開源 86

第三節　「晴耕雨讀」的田園生活 91
一、尋找新的人生價值 92
二、義工：回饋社會 95
問題與討論 99

第四章　學習與運動休閒 101
第一節　學習：增強自信 105
第二節　運動休閒：尋找生活樂趣 109
問題與討論 136

第五章　海外退休生活實例專訪 137
第一節　實例探討 140
案例一　真的做好退休的準備了嗎 140
案例二　喪偶後的人生 147
第二節　訪問調查 153
問題與討論 156

第六章　共創幸福美好的第二人生 157
第一節　尊重與關懷 161
第二節　突破憂鬱的哲學思維 165
第三節　慎防詐欺 169
問題與討論 171

附錄　困擾時的聯絡窗口 172

參考書目 173

後　記 175

前　言

本書的核心主軸在「價值重塑、休閒旅遊與生活經營」，寫作的目標是希望提供讀者良好的思考方式以適應退休後的生活，例如：

1.退休後離開職場與家人相處的時間增多，在放鬆心情享受日常生活點滴的同時，相對的也容易發生摩擦甚至爭執，使得家人間的情感產生裂痕，更甚者導致不幸事件的發生，如何走出不安與憂鬱便成了許多剛退休人士最常遇到的第一個問題。此時，必須重新思考如何調整各種社會與家庭的關係及學習衝突如何處理。本書將介紹藉由休閒運動和學習的方式，有效地創造新的生活，成就樂觀幸福的人生。

2.本書引用日本政府社會福利團體的參考資料，幫助讀者瞭解不同國家的人們其退休生活和活動狀況，也可作為我國社會福祉政策的參考。美國因為是多民族國家，社會福利政策也與其他國家不盡相同，將以實例說明其實際狀況。

3.藉由瞭解各類退休生活中的問題，分析其成敗經驗，作為退休者在調適過程中的借鏡。提供一百個社福活動選擇，作為讀者於實際生活時的參考及應用，並協助配合自己的

興趣和志向，積極參與社會活動，並展開經營美好第二人生的行動。

4.學習如何認識高齡者並持正確的態度與學習如何給予關心，不能將一切責任推託給國家的社福政策或是退休者本人。應該正確的理解退休後的社會參與，這是一個成熟與安全社會裡所有人應負起的共同責任。

第一章 認識退休

學習重點

■認識「老化」──隨著時代的轉變，所代表的意義也會不同

■瞭解老化的前身──精神與認知機能的退化

■認識退休前後個體所呈現的不安

第一節 「談老」

如果說洞房花燭夜是人生最值得興奮的時刻，那麼驚覺到老之將至時，那麼可說是…人生最不開心的一刻吧？

許多人都承認體力——大不如前就是老的前兆。不過精神的老化，可就會來得較晚一些。最常聽到身邊的朋友說：「膝蓋開始疼了、氣也開始喘了。」奇怪的是，他們卻都是不服老。他們還說：「年紀雖長，但是心境卻仍很年輕。」他們的鬥志和毅力確實令人讚賞。相信許多同年代的人都會有這樣的切身體驗，可是直到有一天，當您在工作上，或走在街上，會感覺到對年輕人的想法抱著「不敢苟同」的心情和有著距離感的寂寞時，這似乎就意味著真正走入了老化的大門了。

「老」的定義到底是什麼？實在是很難解釋。其實，人活在當下這個七彩繽紛的世界裡，寧願選擇將「老」的定義放在精神上的老化而非指肉體上的老化。因為肉體的老化是自然的定律，無論您如何下功夫保養，最多也只是延緩了老化的過程而已。反倒是精神的老化在先的話，不但容易直接影響心智，甚至加速肉體的老化，也就很快地敲開「老」這扇門，逐步走向老化的不歸路。因此，精神和肉體的調和或許是控制老化進度的一個很好且有效的方法。

僅以年齡因素作為老化的分水嶺是值得商榷的，因為如此一來會局限在肉體的衰退上，反而忽略了老化過程中的心理變化。

更何況肉體的老化速度也會依個人體質和保健的情況有所不同。事實上，從某個角度來看，人在成長期結束以後，和老化的距離就慢慢地接近。不容否認現代因醫學和營養學的發達，大大延緩了老化的速度，而心理的調適、個人經濟情況，加上居家環境與休閒生活的客觀條件，也都直接影響了老化的因子，這種例子在我們周圍，不勝枚舉。

談到精神的老化，退休是一個決定性的關鍵。退休和失業不同，意味著有可能長期或永遠的離開工作，同時也意味著生活從一個動的狀態轉換成靜的狀態。這樣的生活形態改變，對精神面的影響遠遠大於對肉體的影響，這是一個大轉折，必須特別注意，最好事前盡早規劃與準備，除非您有雄厚的財力或者有其他條件作為後盾，否則事後才來安排是絕對不利的。很多人在退休的前幾年會說：「現在忙得不得了，根本沒時間去想退休以後的事，就等退了以後再說吧，總會規劃出什麼名堂的。」可是別忘了，時代不斷在變化，傳統的退休思維和規劃已不符合現實的狀況，也趕不上時代的變化。狹義地說，1947到1949年出生的人是戰後嬰兒潮的高峰期，在日本就大約有七百萬人。這七百萬人不是循序漸進的退休，而是在這二到三年內集體性的大量退休，像洪流一樣地離開工作崗位，湧進了所謂Senior的銀髮族群。這在日本的歷史紀錄裡，是從來都沒有發生過的現象。對世界其他國家而言，恐怕也有類似的情形。國家社會是否能夠照顧和承擔這樣一個龐大族群的福利，雖說主事單位應該早有規劃，但退休者

本身更應該瞭解所面臨的時代背景不同，提早做好準備。

人生的重新規劃沒有那麼簡單，社會的競爭又是那麼激烈，退休前的人千萬不要說：「到退休我還有幾年」，而應該想「到退休只剩下幾年」，趁著「人在人情在」，莫要「人走了，茶也涼了」。可以利用在職時所擁有的關係和資訊來預先進行妥善安排，一旦離開了工作崗位，人情變了，環境也變了，您會覺得很寂寞，而且力不從心；當然，也會間接影響到健康，加速老化的過程。以日本為例，他們在訂定一些有關老人福利政策時，就是以退休年齡作為考量計算的基準。這有一個好處，就是讓退休後的生活能夠獲得某種程度的保障，不至於和現實生活脫節，避免因個人、家庭或經濟問題，衍生為社會問題，否則政府及社會就要為此付出更大的成本。

筆者都有長期留日的經驗，羅黨興教授在日本從事教職多年。他曾經表示，一直和大學生在一起，在心態上也一直感覺和他們並沒有什麼差距：

「他們的話我愛聽，也聽得懂；我的話他們也有同理感，有的甚至拿出筆記本，拼命地記。課後還跟我談得嘻嘻哈哈。當時我真的覺得自己還很年輕。我還調侃過這些二十出頭的孩子，怎麼樣？來個一千五百公尺競賽吧！不輸你們喲！孩子們瞪著一雙大眼，半信半疑地望著我。這是我很得意的片刻。我真的有一股衝動，換上球鞋帶他們上操場去。那時我五十五歲。但是，曾幾

何時，我感覺他們對我的眼神和言語出現了反應遲鈍的時候，突然一股莫名的悲愁閃過了我的心頭。我問我自己，這是代溝嗎？於是，我開始去注意自己的儀容和使用的語言，也會對自己身體的任何一點不適或變化特別敏感。我開始懷疑自己是否讓學生感覺我老了？可是，我仍然覺得應該是我的教學表達方式出了問題。這幾年開始，我終於真正感覺到和學生之間有了距離。有一次在課後返家的路上，刻意進了一家較為安靜的咖啡館，一邊無心的品嚐咖啡，一邊望著窗外過往年輕人的一舉一動，突然有一種非常遙遠的感受。其實以年齡來看，當時會有這種心理上的遙遠差距是正常的，而且在那個時候，我也正在思考著大學待遇逐年減少及自己的未來該何去何從的問題。如今，我左思右想，仍然不覺得這樣的差距是來自容貌和體力的好壞，而在自己的心態和溝通上出了問題。」

教授的這段話呈現了多種思維，而這是可以經由適當的心理調整獲得改善的。如果您一旦認為已經無法改善，那麼不如承認自己已經走向老化之路。所謂的心理的調適指的是，您必須自己走出孤獨，積極走進人群，瞭解時代的變遷，緊緊跟上時代的腳步。

「老」的腳步是無聲無息悄悄的來臨，當您發現的時候，「老」已經在您的跟前了。無論您願意與否，都必須接受。梁實

秋先生在他的散文作品中曾說過：「人生掐頭去尾，再去掉睡眠的時間，所剩也只不過三分之一而已。」雖然我們不見得能如梁實秋先生所期待的「立德立功立言」一般，但也不能輕易地服老，因而糊里糊塗地度過一生吧。

日本老早就開始為人口的高齡化而煩惱，並且拼命在尋求因為人口高齡化所帶來的種種問題提出解決的方案，惜仍成效不彰。2008年，日本發生了後期高齡者醫療制度的混亂狀況時，曾一度出現了所謂「棄老政策」的說法，引起了高齡者的強力反彈。而今中國大陸人口老化問題，也已是大家有目共睹的事實，臺灣亦是如此。根據2011年7月2號臺灣媒體的報導，臺灣中部雲林、嘉義及澎湖地區的「老年人口」比例已達14%；而臺灣全省的老人比例，平均佔了10.7%；新北市的人口也是每四個人中就有一個老人。

年輕時，人們有最好的體力和衝勁去為自己的夢想奮鬥，卻大多苦無經濟的後盾；多年以後，年紀大了，縱然有穩定的經濟基礎，卻沒有足夠的體力去追尋夢想。如果只能二選一的話，大概絕大多數的人都會選擇前者吧。可是畢竟無從選擇。不過，任何人都有老的時候，您也曾經年輕過，一路走來閱歷豐富，擁有人生智慧的您絕不會輸給現在的年輕人。有一則廣告是這麼說的：「青春不再是夢想！衰老再也不是必然的。抗老醫學科技可以減緩身體機能老化及逆轉老壞細胞……」。不知讀者對這句話作何感想？生老病死是人生必經的過程，無可逃避，但是經由心

理的調適，加上科技的努力，老化是絕對可以延緩的，就等著親身去實踐。

我們回顧過去的歷史或是現今的社會，有許多人在前半生默默無聞，卻在中年以後才真正有所覺悟，甚而成就了大事業。中國歷史上就有很多例子。莊子曾對惠子說過：「孔子到六十歲的時候，才看得開人生……」。王陽明的「心學」，是經過幾十年，才領悟出來的。日本的名作家加藤廣，年輕時任職中小企業金融公庫等單位，七十五歲時因他的處女作《信長の棺》，而成為Best Seller作家。他在七十歲以後，完成了「想要成為小說家」的兒時夢想。美國的知名發明家Thomas Edison一生得到了1,093項專利，他在八十四歲時離開人世，而他的最後一項專利卻是在他八十三歲時才得到的。世界的各個角落，這種例子太多，年齡與成敗並不成正比，當然我們也不能僅以財富的創造來評判成功的價值。

第二節　精神與認知機能的退化

一、精神機能的衰退

根據醫學研究報告，高齡者一般會隨著年齡的增長，使他們的感情面和人格面變得比較頑固。換句話說，就是愈來愈趨向於保守，而這與他們的生活環境逐漸缺少刺激和新鮮感有著很大的

關係，使得他們會習慣以自己的經驗來判斷周遭的人事物。他們容易對外界事物失去興趣，也不願主動和外界建立關係，同時對周遭的人也容易起疑心。又因為開始對死亡產生恐懼心，變得特別關心自己的健康，對於任何一個小小的病痛都會非常的敏感。

另一方面，人類的中樞神經也會隨著年齡的增長，出現種種的變化，再加上生理、心理和環境的因素，使得人的精神機能會呈現衰退的現象。當然這種現象會因人而異，但是普遍來說隨著年齡的繼續增長，確實對新鮮事物的記憶力會逐漸減退，甚至連過去記憶中的人物或體驗過的事情，也會逐漸淡忘；更大的問題是注意力也會變得無法集中。

二、認知機能的退化

研究中也發現，健康高齡者的認知機能並不一定會隨著年齡的增長而逐漸退化，有的甚至到了很大的年紀，仍然可以保持清晰的頭腦。可是有的高齡者卻會突然失去了某些記憶力，譬如明明已經用過餐了，卻認為自己尚未用餐，而一再要求進食；經過醫師診斷後，一般會認定這類情況是一種認知退化的現象。醫學研究者亦表示，認知機能若發生退化現象，連帶的會造成性格的改變，如變得頑固、不理性或有異常的表現。這種現象若不能及時獲得改善，憂鬱症就會接踵而至。至於高齡者的自閉症也和年齡及環境的變化有很大的關聯。

除了上述兩項明顯的老化徵兆之外，眾所周知的，如態度消極、對宗教的迷信、怨懟、孤獨、焦慮、悲傷、嘮叨、語意不詳、既誇耀過去又感嘆時不我與等現象，都可以很容易的從高齡者的身上發現。其實，這些問題並非不能解決，除了就醫外，也可以經由人們的互相友愛與家人的關切中獲得改善。

當然，最重要的還是高齡者本身宜儘早有此心理準備，理解這種現象發生的可能性，並且隨時提醒自己，才能減低因此現象所造成的摩擦和衝擊，進而成為一位真正成熟且受人尊敬的長者。

「心慈善行」——長壽的靈丹妙藥

人們都希望健康長壽，因此市面上有關保健與養生的書籍和製品也很多。然而，不管人們如何注意飲食與體育鍛煉，卻總是治標不治本。人世間大多數的長壽老人並沒有刻意追求豐厚的物質生活，在飲食方面甚至是非常地儉樸，他（她）們共同的特點就是面露慈愛，清心寡慾，全都不是好勇鬥狠之人。從現實生活中可以看出，健康與長壽並不完全決定於物質生活，它與人的心性和脾氣等精神因素密切相關，心懷善念、慈悲待人才是最佳的養生之道。人世間雖然沒有延年益壽的特效仙丹，但是慈悲之心遠勝於任何養生良藥，心慈就能長生，行惡必然折壽，這個道理並不是每個人都知道與理解領悟的。

我的大伯在大清王朝覆滅的那一年出生，儘管在那座小城裡是首屈一指的高齡，卻仍然身板硬朗，精神充沛，走路也不需要手杖。經常有附近的親朋好友前來向他請教養生之法與強身之道，他總是笑而不答。每當被大家追問急了，他就說：「我的教養生之法並不是每個人都能學得來的，您們中間有許多人逞強好勝，等把脾氣改好了之後再來問我吧。」終於有一天，我得到了一個與大伯長談的機會，於是就請求他把自己的養生之法傳授給我。

大伯思考了片刻之後對我說：「我年輕的時候，曾經找一位非常著名的算命大師為我算命，他當時斷言我只能活到四十七歲。我不相信他的說法，於是我就自己學習算命。我學過生辰八字、紫微斗數、姓名學及占星術等，當時不是覺得算命靈驗，而是想證明算命是騙人的東西。我也發過誓，活過了四十七歲就去砸爛那個算命大師的招牌。」

「但是後來我愈學愈怕，因為我發現自己算自己，確實活不到四十七歲。這時候，我徹底的改變了自己的人生觀念，就跑去做慈善。當時我想反正也活不多久了，那就好好的利用剩下的歲月，做一些有意義的事。我很積極的投入慈善事業，周圍的人都說我變了，從一個急躁勢利的小人變成了一位敦厚慈愛的君子。就這樣不知不覺的活過了四十七歲、四十八歲、四十九歲……，今年我已經九十五歲了，仍然紅光滿面、生機勃勃，比年輕人活得還要健康。」我不禁好奇的問他：「那您去砸過那個算命大師的招牌了嗎？」大伯眼睛一亮，回答我說：「我為什麼要再去砸他的招牌？如果不是他當年警告我，

按我以前的個性損人利己，我肯定活不過四十七歲，早就去世了！他算得並沒有不準啊，只是我的慈善之心改變了我的命運，我感謝他還來不及呢！」

大伯的養生之法使我沉思良久，感觸頗深。是啊，人世間的任何藥物或食品都不可能使人長生不老，而真誠的人品、善良的心靈，以及寬容的胸懷則確實可以使人延年益壽。因此，心慈善行才是高壽的靈丹妙藥！

資料來源：貫明文。轉載自《臺灣新生報》（2011）。「世紀專欄」，〈心慈才能高壽〉。刊載日期：2011年8月12日。

第三節　退休與不安

退休前後的心理是最複雜而且敏感的。對自己是如此，也會給周圍的人帶來一些困擾。

首先，退休的原因各式各樣，筆者覺得勿輕言退休。當然，絕大部分都是因為年齡到了而退休，但是也有許多人是因為健康或家庭等等問題而提前退休。無論退休以後的生活是否在事前就做好保障，在退休的一年多前開始，內心就開始徬徨憂慮。他們說不定已厭倦了現在的工作，可是依然有著依戀的心情；他們擔心今後將何去何從，也擔心退休金和年金是否足夠支付往後生活的開銷，更

擔心失去朋友並且帶來生活的孤獨。當然很多人會說，忙碌了一輩子，不急著去想退休後要做什麼？先休息一兩年，慢慢觀察後再做決定也可以。有些人會想，算了！就這樣退休吧！試著過著晴耕雨讀的日子，悠閒度過餘生，豈不樂哉。還有一種人表現得非常積極，他們無法停留在何去何從的空白時空裡，甚至一天也不可，於是就在退休前就急著安排好自己的第二人生。其實這三種方式都很好，原則上只要依您自己的人生觀和生活環境來判斷，做個抉擇就可以了。畢竟生活是自己的，自己覺得快樂和舒適才是最重要的。最怕的是，糊里糊塗的退，糊里糊塗的過，到頭來發現生活很難過，卻已時過境遷，只能自怨自艾。

上述這些說起來簡單，事實是現在的人們很難脫離群體獨自生活，加上來自周遭的壓力和不易抗拒的誘惑。特別是臨屆退休年齡可健康狀況仍然很好的大有人在。在這種情況下，如何能耐得住退休後的孤獨、寂寞和憂慮呢？

對思慮較深的人來說，煩惱多從退休前一兩年前就開始了；他們最大的不安多半來自於收入的中斷，和失去了以往自工作上所獲得的精神依靠。試想，對薪水階級來說，從年輕的時候開始，一直工作了幾十年，每到月底或月初，薪水就自動進入帳戶，不用憂慮沒有經濟來源，只需擔心夠不夠用。可是一旦退休了，收入也斷了線，縱使還有其他福利，可是處在一個福利制度仍然不是很健全的地方，以東方人的個性來看，真還有著許多的不安；再者，大部分的退休者多數擁有家庭，原來的預算或許是

夠用的，可是臨時都會多出一些意料之外的家庭開銷，諸如婚喪喜慶、家屋的修繕與朋友之間的應酬等等。也許有人會說，孩子若懂得孝順，一定會幫忙貼補家用，稍稍省吃儉用，應該就可以過日子了。若能如此知足常樂，當然是好事。問題是，現今的時代，選擇相信自己的妥善規劃和國家的退休制度，比起期待他人的幫助要來得穩當些，縱使這個「他人」就是您身邊的家人和朋友。為什麼會如此呢？因為您的孩子們，也會成家擁有自己的家庭，儘管他們願意奉養您，當您變成他們的負擔以後，很多情況也會隨之改變。更何況他們的收入狀況比您更好嗎？有豐富人生經驗的人，相信早已深刻體會到這一點了。

有一個朋友說，年齡到了，遞出一張辭呈表，沒有人會阻攔您，可是要回頭再去找工作，卻是千山萬水，難上加難。有些人在退休前，一副不在乎的樣子，退就退吧，生活簡約一點，不用愁的。也有的人卻是神經緊繃，把現在的存款加上退休金或是年金算個一清二楚，就怕將來生活過不下去。可是實際上，無論您在不在乎，錢是用一個少一個。這種不安在退休前的消費習慣中，就已顯露出來。譬如說以往用錢很灑脫的人，會開始躊躇不前，處處小心計算。

根據美國的一項研究說，現代人的煩惱雖然很多，但是隨著醫學的進步、保健知識的普及和新藥的開發，大多數壽命都可延長。人生規劃甚至需以九十歲來計算。換句話說，如果六十歲退休的話，必須要準備三十年的養老費用。而這些退休金，若僅

是一般的存款金額怎麼可能夠用呢？所以退休並不表示從今以後「每天都是星期天」，也並不表示生命會在不久的將來結束，甚至還是有一段漫長的路要走，而且這段道路說不一定會更好走。因此，我們不得不體認到退休前的規劃是何等的重要。

我們歸納出退休前在經濟方面所產生的不安心理，有下列這些原因：

1.退休金加上其他社會福利金到底有多少？才能夠應付往後的開銷？
2.雖然加入健保，萬一疾病纏身，龐大的醫療費，特別是住院費要如何支付呢？
3.家裡的經濟情況若不寬裕，是否還需要工作？
4.父母親還健在，要怎麼來照顧他們？
5.自己的財產有多少？要怎麼處理？百年之後，要怎麼分配給兒女？還有遺產稅的問題，是否需要早一點做生前信託，或向兒女明白交代？
6.手上的錢不多不少，擔心通貨膨脹，錢幣貶值，要如何做投資呢？
7.如果配偶先離開的話，另一半的生活要如何打理？
8.如果行動不便，無法自理生活時，有誰能夠照顧自己？

在居家生活方面，退休的人離開了工作崗位，回歸家庭自然待在家裡的時間就多了。生活形態有了很大的變化，且適應往往

需要一段時間，特別是在前面的一、兩年內，很容易與家人發生一些摩擦。譬如：

1.增加了妻子的精神和家務的負擔。

2.增加了夫婦彼此相處時的緊張情緒。

3.生活費用支出的增加與混亂。

4.家庭生活習性的重新調適，個人的時間變多了，夫妻相處的時間也變多了，各方面都得去重新適應與調適。

5.不說話不行，可是說多了，爭論的機會也就多了。

這些情況，若不能在退休前先有個深思熟慮，等到事發時再來處理，就容易造成不幸的後果——「退休離婚」。這種例子在日本很多，在較為保守的國家，也並非少見。

還有一個問題，就是退休並不意味著人生已經快到盡頭，反而代表著第二人生的開始。若要讓自己的第二人生過得快樂無憂，前面所說的經濟規劃和生活智慧以外，健康的身心更是不可或缺的，甚至還超越了經濟問題。

許多朋友在退休的數年之後，有人因為錯誤的投資和管理的不當，加上世界級的金融海嘯和經濟蕭條，折損了大部分的退休金。有人因為長期待在家裡，被日常瑣事問題逼得走投無路。也有人不能做好自我調適，導致健康亮起紅燈，成了醫院的常客，或是疏於照顧自己而白髮蒼蒼，年華已逝，風采不再。

人生三部曲——出生、生活和死亡。在自然的情況下，生在

何時、何地、哪個家庭是無法選擇的，死亡時也無從選擇。唯有生活的方式是我們可以掌控的，有一句話大家都知道，老天爺是公平的，他從來不把財富、健康和幸福，同時只給一個人，總會讓您缺一樣，天底下總沒有完美的人，也不會有絕對不幸的人。其實，公平也好，不公平也好，人生只有一次。凡事無需計較太多，只要盡了心，縱然到達不了既定目標，心裡自能平靜，問心無愧。對家人、朋友盡心、對所愛的人盡心、對國家社會盡心，當然對自己更需如此。因此，對自己要有信心，幸福或許不會是永遠的，不幸也不會是絕望的。人一生怎麼可能是一路走來永遠都是風平浪靜的。幸福也好，不幸也好，其實有一半是您自己可以掌握的，另一半則需歸咎於環境和機遇。所以，盡人事，聽天命，應該是掌握人生幸福的一大要訣。人生不如意事十之八九，但是我們仍然需要熱愛生命，從生命中尋找樂趣。

要避免因為退休所引起的併發症，就要有退而不休的精神，力圖跟上時代的腳步。雖說身體的活動狀態是比以前減緩了，但對知識的追求和對新鮮事物的好奇以及對社會及他人的關心卻不能停止。有些年紀大的人常說：「世事如過眼雲煙，看破了。」接下來，想必是長嘆一口氣吧！真是慷慨不再，激昂已逝。

如何才能跟上時代的腳步呢？下面幾件事必須要先想好，就是肯定自己、恢復信心、揮別憂鬱，然後找出興趣，重新學習，走向人群。

智慧的頭腦加上寬容的心，會使您風采依舊，也會使您的家

庭和社交生活變得圓滿和諧，當然更有可能讓您延年益壽。黑幼龍在《多點思考，更能放鬆》一書中這麼說著：

人生如棋，成功與失敗，端看您如何佈局？

面對人生的挑戰，得意時，不代表成功；失意時，未必是失敗。

唯有隨時保持冷靜，從容應對，堅持到底，才能分出勝負！您認為呢？

我們並非無知，只是知而未行……

「歹歹馬，也會一步踢」

1925年，芝加哥白水灘飯店（White Water Beach Hotel）舉行了一場重要的會議，與會者都是各行各業的頂尖人物，包括全美最大鋼鐵公司總經理、最大電力公司總經理、最大瓦斯公司總經理、紐約證券交易所總經理、聯邦政府部長、華爾街響叮噹的投資高手、最大交通運輸公司總經理、國際商銀總經理。這些人都很會賺錢，這次聚會的目的，也正是討論如何創造更多財富。

這些人後來過得如何呢？或許您跟我一樣好奇。二十五年後，果真有人興致勃勃地作調查，結果驚訝地發現：鋼鐵公司總經理去世前五年，舉債度日；電力公司總經理一文不名地死在外國的小島上；瓦斯公司總經理成了精神病患者；紐約證券

交易所總經理剛從監獄裡關出來；聯邦政府部長剛得到美國總統特赦，總算能死在家裡；華爾街投資高手和交通運輸公司總經理、國際商業銀行總經理都自殺了！十個頂尖人物，竟沒有一個人能得善終。

他們為什麼把自己的人生搞得一團糟？會賺錢的人，不一定會生活；工作能力強的，不一定懂得克服情緒壓力；絕頂聰明的優等生，不一定能夠自我調適。努力賺錢、衝刺事業、用功讀書，卻因為不懂得如何克服緊張、壓力、焦慮、憂愁，所有的付出到最後是一場空，只換來失去健康、失去平靜、失去快樂。只要願意，其實每個人都能把自己從不幸、痛苦的深淵解救出來，快樂絕對可以操之在我，端視您如何面對、處理發生在自己身上的事。人真的可以改變想法，來克服憂慮、恐懼、甚至各種病痛，進而改變人生。生活需要平衡發展，建立良好的人際互動，特別是相互激勵、相互瞭解、相互分享、相互原諒。學會感恩、寬恕，活在每一個當下，以正向積極的人生態度，微笑迎接命運帶給我們的每一個挑戰。

事實上，您我都不需要再學什麼新觀念，我們所認知的已足夠引導我們享受快樂的人生。我們並非無知，只是知而未行。當您不小心又跌入憂煩時，與其惱怨命運的不公平，不如盤算您所得到的恩惠，您將發現自己原來是很有福氣的。俗話說：「人人頭上一片天，歹歹馬，也會一步踢。」再貧弱的人，也有自己的強項，振作起來，去忙一些建設性的事，茁壯自我，您就會愈來愈幸運，愈來愈有福氣。

不心存報復，不斤斤計較得失，不期待他人的感恩，只享受付出的快樂，並在為人創造喜悅的同時，豐富自己的人生。回饋社會無關年華，陽明大學精神科學研究所洪蘭教授說：「人不管怎麼巧，終逃不過死亡，所以一生一定要做些對別人也有利的事才可以，當生命消失時，至少要讓這副臭皮囊化作春泥更護花！」想做事，不必等待，不過成功的定義有很多種，對自己有利的叫「成功」，只有對別人也有利的才叫「成就」，這兩者是不同的。《紅樓夢》中賈府的家廟叫鐵檻寺，因為「縱有千年鐵門檻，終需一個土饅頭」，人不管怎麼巧，終逃不過死亡，人一生一定要做些對別人也有利的事才可以。有句英文諺語說得好：「假如您認為您還青澀，您可以繼續成長，如果您認為您已成熟，那只能等著爛掉。」

我們的心決定我們的行為，我們的頭腦決定大腦神經的連接，只要心中覺得是年輕就可以做很多的事，最主要是做的事不能只為自己，有一個研究訪問九十歲以上的老人，問他們如果可以重新再活一次，他們會做什麼改變？結果大多數人說：「我會去做一些事情，讓這些事情在我死後仍然可以延續下去。」

資料來源：摘自黑幼龍（2006）。《多點思考，更能放鬆》。臺北：天下文化。

【問題與討論】

一、隨著時代的變遷，對老化應做如何的詮釋？

二、請列舉肉體的老化與精神的老化之間的關聯和相互的影響。

三、何謂認知的能力及其具體的表徵？

四、請闡述退休的不安現象和起因。

第二章

未雨綢繆　有備無患

學習重點

■經濟生活規劃的重要性

■保健與保險

■心理調適與家庭生活

孔子說：「人無遠慮，必有近憂。」筆者走訪了許多即將退休和已經退休的朋友，絕大部分的人都表示，目睹社會的現狀和世界經濟的變化，對未來都沒有充分的信心。特別是戰後嬰兒潮出生的人們，自2007年後的這幾年間，每年都有大批的人退休，其中只有少數的人成功地留職、轉行、自行創業或根本就沒有生活的顧慮；其他的絕大部分退休者，都面臨著要如何去安排往後二十、三十年的生活與經濟問題，而且這種不安是與日俱增的。大約有六至七成的受訪者表示，最大的不安還是集中在經濟生活方面，縱然有固定的年金和足夠的存款，仍然不敢隨便花用，為的就是擔心有萬一的情況發生。因此，要如何理財就成了他們無法逃避且必須學習的一門學問。換句話說，就是為了要保障未來有不虞匱乏的生活費用，而必須做理財投資。

投資並不只是專家們的專門知識，只要肯學習、肯用心，儘管已是高齡，財富仍可以「手到擒來」；只是必須留意的是，要認清楚投資是具有風險性的，不能太倉促，更不能太短視。要有長期的規劃與耐心，投資才會安全與成長。

首先，我們應該從規劃開始做起，先去瞭解自己有些什麼？又需要些什麼？才會知道如何做選擇，如此一來才能「穩紮穩打」。

第一節　經濟生活的規劃

一、基本開銷

無論經濟條件再好，延續退休以前的消費習慣，嚴格說來都是不被鼓勵的。因為之前的收入是固定的，但退休之後的收入則是非常有限的。更何況，退休並不表示開銷會比以前減少，因為休閒活動必定會增加，除非大部分的時間都待在家裡。

首先，退休者必須對今後生活所需的基本開銷，做一個計算。一般來說，以下幾個支出項目可列入考慮：

1.住房貸款是否已付清？如果還沒有，就要計算每月貸款額及剩餘年數。

2.孩子的教育費或結婚費用的補貼。

3.健保費及醫療費。

4.食、衣、行、住屋修繕及水電能源消耗。

5.人壽保險的有無。

6.應酬費用。

7.家庭旅行和休閒活動的支出。

8.其他如應付緊急情況時的預備款等。

等這些確定以後，接著就要計算自己可能的收入，並以量入為出為原則：

1.退休金的運用計劃。

2.夫婦的固定年金收入（要注意會受到國家財政與物價指數的變動影響，而有所增減）。

3.計算自己資產中的純資產額，以及在資產運用後所產生的純利（去除稅金）；例如房屋出租的租金，或所持股票的配股及買賣所得利潤。

4.其他：如存款利息等。

上述這些最好是在退休前就做好規劃，而且愈早愈好。接著就可以考慮從事穩當投資的可能性，不過需要特別注意的是：

1.儘量節流開源。

2.瞭解投資金融商品的風險，分散投資自己懂的項目。記住美國人常說的，「雞蛋不要全放在同一個籃子裡」。

3.資產運用的目的和方法要明確穩當。

4.勿聽信沒有把握的投資計劃，遵循「天下沒有白吃的午餐」的鐵律。

5.將退休金併入資產的一部分，並與固定生活費分開。若是將之用於補貼生活費的話，會形成「坐吃山空」的情形，是很危險的。

二、投資要領

任何投資的風險都是很大的，錯誤的投資導致家破人亡的例

子屢見不鮮，一定要慎重。做任何投資計劃前，務必要先學習，可以諮詢可靠的投資顧問公司及法律顧問，也可以從網路上取得一些資訊。筆者建議：

1.先從官方網站中，學習投資的基礎知識。

2.金融機構或股票上市公司的網站資訊，可以作為參考。

3.電視節目中的財經報導和分析，或是投資家的討論意見，也是好的學習教材。

4.參加投資俱樂部，研讀證券交易所的分析報告。

5.直接參與各種財經論壇或演講會，登記成為會員，也能定期獲得投資的資訊。

6.閱讀各種財經書報雜誌。

7.瞭解自己的投資目標及投資現況，並非所有的投資項目均可投資。

8.適時的運用，避免通貨膨脹席捲了您的利潤。

以上這些建議事項，要秉持一個原則，絕對不可以盲從，以免淪為冤大頭。

三、金融商品投資

現今臺灣的銀行存款利率都非常低，日本更幾乎是零利率，而美國CD（定期存款）的利率，也只有0.1左右，甚至還不到0.1。客戶要存定期，基本上他們是不歡迎的。於是，有些企業或

是金融機構便開發一些金融商品，鼓勵客戶將儲蓄轉換成投資或是其他有利的項目。表面上看，這是很誘人的，實際上卻是一個不小心，就會掉進這個大黑洞裡。必須謹慎地去瞭解金融商品的內容。以下建議事項是消費者必須留意的：

1.注意保本：萬一虧損時，本金是否受到保障？必須設想各種狀況發生時，對方到底會如何來處理您的問題。最好事前就問清楚。

2.小心金融商品所隱藏的陷阱：所謂特別優待期間所推出來的有利的投資項目的確會有一些優惠，但是也有很多的陷阱。通常，中途解約或是一定的優待期間過了以後，會在解約手續費及利息上面負擔很大的損失。

3.詳細閱讀商品資訊：宣傳資料上的小字說明，一定要全部仔細詳讀，確定沒有疑慮後，再簽字蓋章。

4.勿輕信行銷勸說：沒有一樣金融商品是絕對沒有風險的，勿輕信推銷員的勸說，也不要當場馬上決定。給自己留下考慮的時間，可告知必須與家人或朋友商量，多保留些時間與空間，才是上策。

四、股票投資

相較於金融商品，選擇股票作為投資對象的人還是居多數。股票是提供長期成長的一個投資工具。基本上，它在市場上的表

現高於其他金融商品，如定期存款等的投資工具。如果讀者有研究過股市的歷史就會明白。美國首屈一指的賓州大學Wharton（華登）經濟學院的Siegel財經教授在研究中表示，1802年在美國股市所投資的1塊錢美金，經過不斷的投資後，至1997年底，就可以擁有747萬美元。我們不能將之稱為「賺」錢，說它是一種投資的成長，比較恰當。就猶如一棵樹苗，經過長期的施肥灌溉和除草，加上好的環境，它就會茁壯成長。但是憑著「半路出家」的知識，貿然投資的話，就算這次有所斬獲，並不表示今後也能一帆風順。許多專家建言，應該先多參加一些證券公司所舉辦的股市解析活動，聽聽專家的意見，學習一些專有名詞及其意義後，再開始嘗試較為妥當，如：

1.股票：買受人所持有的某個公司的股份（投資）。

2.股東：即股票持有人。

3.股市：股票市場，如臺灣的加權、香港的恆生及紐約的華爾街（道瓊）。

4.股利：公司將淨利分配給股東的部分稱之，有現金股利與股票股利。

5.每股盈餘：淨收入除以流通在外的普通股數。

以下有幾點投資觀念提供參考：

1.不宜以生活費或借款來做股票的投資。最好以不急用的小額款項先做一個嘗試。

2.先選擇小型股票來試驗。

3.可上網研究購買何種股票。

4.以賺取豐厚的配股金作為今後長期投資的主要策略，比較穩當。

5.投資外國股市需留意匯率的變動。

6.掌握時機，妥善運用，避免通膨的影響。現金運用得宜可將股利轉入再投資。

五、共同基金

共同基金的意義是將眾多投資人的錢匯集起來，分別買下不同公司的股票，以減低其中某一個產業衰退時所造成的衝擊。換句話說，這種做法比較穩當。投資人不必時時刻刻地煩惱，因為那裡有許多非常專業的人在幫投資人做投資。而且會將股利加入投資本金中，繼續投資。這種基金的種類非常繁多。由過去的「積極管理型」（Actively Managed），到現在的「被動式管理」（指數基金），還有股票型基金、債券型基金和貨幣市場共同基金等等。

在日本，指數基金中的月配型和小風險型較受中高齡投資者歡迎。在沒有完全瞭解投資內容和風險的情況下，千萬勿輕信賣方的建議就馬上購買，這種例子後悔者非常多。以下為需要注意的事項：

1.選擇配合股市變動的上場投資公司。

2.ETF（介於股票和基金之間的一種指數基金）較為穩定可靠，可以考慮。

3.月配型並非絕對有利；小風險型或許可以在利潤方面有所進帳，但不能期待太高。

4.並非所有的投資公司都是可靠的，宜慎選之。

六、購買以個人為對象的國債

以日本為例，自2003年起一直到現在所發行的以個人為對象的國債都很受歡迎。首先，自2003年起發行的十年滿期的浮動利率型國債；2006年起發行的則是五年滿期的固定利率型國債。它受歡迎的主要原因是一年有四次購買期，最低1萬日元即可購買，加上每年兩次的利息支付。它與一般國債最大的不同是，一般國債的利率取決於市場的情勢。債券的意義，簡單來說就是政府或大公司所發行的借款證據。上面記載著債權人的姓名、利率和歸還日期。需要注意的是：

1.有浮動利率和固定利率兩種。

2.可以小額投資，適合中產階級大眾。

3.滿期前解約折現的話，國家可依面額買回。

4.利率上升的話，有浮動利率型來對應。

七、外幣投資

以一般常識來看，強國的貨幣自然也就強勢，過去的美元和日幣，今日的人民幣就是明顯的例子。1977年的1美元可以兌換約300円日幣，若干年以後，因為日幣升值，就降為260円左右；又如2011年8月，1美元就只能兌換77円日幣了。加上日本的存款利息幾乎是零利率，於是很多中高齡的人就將手上的存款換成外幣，在同樣的銀行開設一個外幣帳戶，利息比較高，提款時可提外幣，也可以等匯率對自己有利時，再換回日幣，以賺取匯率差額。這當然不是所謂「套匯」，而是合法的投資行為。前面提到在同樣的銀行開設，是日本銀行的規定，目的是考慮到一些安全性的問題。但是在開設外幣帳戶時，日本的銀行也有義務告知投資人，因為匯率的變動無法預料，所以無法保證盈虧，需由自己承擔風險。所以說，外幣的投資也等同於資產的運用，風險仍然是存在的。要點如下：

1.除了須留意匯率的變動外，存提款都有手續費。

2.不能只看國內的分析報告，也要注意國外的金融變動報告。

3.匯率變動原因及相互因果影響也需要隨時留意。

4.長線投資勝於短線投資。

5.外幣投資受匯率變動所影響，具有高風險性。影響匯率變動的因素有：

(1)影響貨幣價值上升的主要原因。

(2)政治安定與否。

(3)銀行存款利息高低。

(4)經濟繁榮發展程度。

(5)外貿呈現順差（黑字）。

(6)外資的大量流入。

八、黃金買賣與投資

金價在過去三十年，有過幾次大的波動。第一次是蘇聯出兵阿富汗（1979年12月），其後大跌再回升。其後的波動則是受到下面幾個因素的影響：

1. 1985年9月，美金升值。
2. 1989年11月，柏林圍牆拆除。
3. 1990年8月，伊拉克出兵科威特。
4. 1999年9月，華盛頓協定簽定。
5. 2001年9月，紐約發生911恐怖攻擊事件。
6. 2006年5月，中國大陸和印度對金的大量需求，加上大量資金的流入。
7. 2007年美國的次級房貸危機。至2012年金價仍然飆高不下。

由於世界經濟的蕭條和政治情勢的不穩，近年來黃金的買賣

和投資活動變得非常熱絡。金價的上漲已超乎人所能預料，黃金買賣和投資的確可考慮作為分散投資，減低風險的方法之一。雖然值得考慮，但是以下幾點也需要特別留意：

1. 金價即使在很短的時間內，也有可能會劇烈的波動，其風險不能忽視。
2. 投資金額勿超過總資產的10%。
3. 隨時注意金價的變動，同時也要注意匯率的波動。
4. 現物交易與類似期貨的交易不可混為一談，需分開考慮。
5. 稀有金屬並不會成為無價之物，是投資的強項。妥善投資的話，是保全資產的一個有效策略。
6. 可以分散投資黃金ETF。

九、房地產投資

根據調查，中高齡者的不安因素之中，第一項是健康，第二項則是「住者無其屋」。因此如果是為自己購屋的話，也可以參考這裡的說明。

日本的房地產在90年代泡沫經濟發生後一蹶不振，至今都未能恢復。價錢愈高的房子，跌幅就愈慘，大約只有高峰期的50%到60%。中價位的房子，跌幅雖較小，可是東京郊區原價3,000多萬日幣，如今2,000多萬也可到手。交通不甚方便的房子，找不到房客，財力較好的屋主只好利用銀行低利率，整修房屋，另圖

出手。就連東京日本橋地區，當繁盛時期，面臨大街的商業辦公大樓，平均多在100億日幣上下，其後跌到70億或80億成交的也有。

美國的房價在二次房貸出現問題以後也普遍下跌，嚴重的地區甚至已跌破了50%。分析家說雖然還沒有回升，但是今後的跌幅已不會太大。儘管如此，投資家仍然觀望不前，不願出手，或仍在等待進一步的好價錢。有部分地區似乎交易情況稍微回升，但僅限於低價位的二戰前後所蓋的老房子或沒有地利的新屋，價格雖然非常便宜，大部分卻很老舊。這是因為失業、房價大跌及二次房貸的問題，使得許多屋主付不出貸款，或覺得沒有保留的必要，只好棄屋出走。投資者意圖將之整修後，待美國經濟復甦，房價回升後再賣出圖利，或是富裕者作為意圖逃稅或分散投資的一種手段。

美國地域遼闊，目前經濟何時復甦尚不能抱持樂觀的態度，這種投資若是以全額現金購買尚可，若依靠多額貸款的話，風險尚存。因為地區較為偏遠，出租並不容易，租金回收也常發生問題，況且在二次房貸發現大破綻以後，歐巴馬政權全力整頓經濟（其實在小布希總統末期就已經開始了），其中對貸款業者也重新制定嚴格的法律及考照制度，以淘汰一些不法或專業知識不夠的業者。西部大城洛杉磯市區的房價也有跌至一半的。嬰兒潮出生的一代，如今大部分已付清了自家的貸款，或遷出城外。當初搶進市區的多是為了工作方便的下一代中產階級，經過這個打

擊，好一點的就與銀行洽談所謂“Short Sale”（溺水屋），希望放棄房子所有權後減輕經濟壓力，同時能保住Credit（信用）；要不然就落跑，一走了之。

因此，銀行在審核貸款資格時，就比數年前嚴格了許多，沒有工作或沒有相當收入保障的人，多被無情的拒之於門外，對於違法亂紀者處罰甚嚴。中國人的理財觀念和方法因為不同於西方，也有著長年的儲蓄習慣，或是家人間會互通有無，所以雖然沒有工作，仍有能力償付貸款，因而在美國只有擁有大筆現金的人才能不求於銀行，順利買到所要的房子而益趨富有。這也是美國房地產界和社會一個令人頭痛的問題。畢竟在美國，房地產市場的好壞直接反映出經濟的好壞，它對經濟是很敏感的。

總之，對於已經稍有儲蓄及資產的中高齡人口來說，除了年金這個主要收入以外，若能做一個小的房地產投資，將房子出租出去，以賺取另外一筆生活費用，的確是一個可以考慮的方法。但是也要注意以下幾件事情：（日本經濟新聞生活經濟部，2009）

1.房屋修繕費用必須預先保留，稅金也必須報繳。
2.考慮地利和交通的方便與否後再做投資的決定，作為確保房客的入住和貸款的償還能力。
3.若是意圖在轉賣房屋時賺取增值差額，並不是一個正確而安全的想法。

4.租金收入扣除管理、修繕、稅金及相關經費以後，才是真正的收入。

5.轉賣後所得的利潤也要扣除通貨膨脹的損失及稅金後，才算是淨利。

十、確保主要生活支柱無虞

年金是發展已上軌道國家的一項重要社會福祉，通常和全民健保並列為安定社會的兩大支柱。

實施年金制度的國家各有不同的規定，但是大同小異。年金主要意義是規定所有國民自開始投入工作起，即需繳納各項稅金；當繳納的稅金至一定年數以後，退休後到了所定年齡，政府即可依過去所繳納的年數與金額來核算一定比率的年金，然後一年之中分數次支付給本人，直到死亡為止；如果退休後又重新就業，則有不同的因應措施。政府是用現職者所繳納的稅金來支付退休者的年金，等現職者退休後，再以此類推。所以國家的在職人口的多寡，會影響政府稅收的多寡，加上物價的變動等因數，也跟著會影響所領的年金金額。當然這個制度是很複雜的，在退休前就應該至相關單位詢問清楚。基本上要瞭解什麼時候可以開始支領年金，及可領金額大約多少等問題都需要瞭解清楚；另外，所領的年金也是需要繳稅的。

日本的公共年金種類有以下數種：

1.國民年金：由國民全體共通。

2.厚生年金：勞工保險之社會保險制度。

3.共濟年金：如國家公務員、地方公務員、私立學校教職員等。

其他尚有公司內部的各種不同的年金制度，可以隨意加入。此外，也有低收入的補助金，依各種情況會有不同的規定。

近年來，日本由於「少子化」的影響及嬰兒潮出生的人口同時期大量退休（2007年至目前，每年大約有一百三十萬人左右離開工作崗位）。日本政府財政收入大量減少，於是他們就提高支領年金的年齡，原則上已由六十歲提高至六十五歲，最少要工作到六十歲，可能的話，也希望能工作到六十五歲，但有特例。同時，隨著制度的改革、物價指數的變化及國家經濟發展的影響，所領金額也將逐步減少。許多日本年輕人已對年金制度的未來不抱樂觀的態度。2008年，日本政府更爆發了遺失繳納年金資料的大問題，雖然目前已整理出一些頭緒，但是仍留下了一些後遺症。至於健保醫療制度，其性質很類似年金制度，目前的運作還算正常。

美國的情況則非常複雜，並不如日本的公開和制度化。原則上有所謂“SS”的社會福利金，目前的條件是必須工作十年以上，最少要工作到五十九歲半，且須有納稅才有資格申請，一般大約每月600美金左右。此外，還有“SSI”（低收入補助金），

但是受限甚多。特別是在經濟蕭條後的美國，像這種福利金，實際上已被刪減或有所限制。更嚴重的是，如郵局、圖書館及學校的預算也被大量刪減，因此也影響了很多人的生計與未來的福利。這也是美國目前幾大棘手問題之一。其中當然也包括了健保醫療的問題，美國至今尚無全民健保。六十五歲以下，在公家機關工作的人，有很好的醫療福利；在私人機構工作的人也有其所定的制度，其他的情形都必須自行購買保險，而且自負額普遍偏高。歐巴馬總統所爭取的健保制度尚未完全定案，到底何時才能夠經過協議順利定案，仍是遙遙無期。

國民年金的認識

■「年金」的基本概念

「年金」簡單地說是指一種定期性、持續性的給付，無論是按年、按季、按月或按週給付，都可稱為年金。

■「國民年金」的基本概念

「國民年金」是我國於民國97年10月1日開辦的社會保險制度，主要納保對象是年滿二十五歲、未滿六十五歲，在國內設有戶籍，且沒有參加勞保、農保、公教保、軍保的國民。國民年金提供「老年年金」、「身心障礙年金」、「遺屬年金」三大年金給付保障，及「生育給付」、「喪葬給付」二種一次性給付保障。被保險人只要按時繳納保險費，在生育、遭遇重度以上身心障礙或死亡事故，以及年滿六十五歲時，就可以依規

定請領相關年金給付或一次性給付，以保障本人或其遺屬的基本經濟生活。

■開辦「國民年金」的理由及意義

我國隨著平均壽命延長，出生率下降，老年人的人數和比例呈現顯著成長，早已邁入聯合國世界衛生組織所稱的高齡化社會，依據推估，至民國115年時，老年人口將占全國人口的20%。而隨著社會變遷與家庭結構改變，家庭扶持老人之傳統功能漸趨式微，子女供養老人比例逐年下降，因此提供國民老年生活的經濟安全保障，已成為我國社會安全體系中重要之一環。

以往我國有勞保、軍保、公教保及農保等以在職勞動者為納保對象的社會保險，但是仍有約四百多萬年滿二十五歲、未滿六十五歲的國民無法參加任何社會保險，而這些人當中，有許多是經濟弱勢的家庭主婦或無工作者。國民年金即是針對此部分的不足，設計一個以全民為保障標的的保險制度，讓以往未能被納入社會保險網絡的國民，今後也能享有社會保險的好處，並獲得老年經濟生活的基本保障。

國民年金的開辦使我國的社會安全網得以全面性建構，補足了以往社會保險制度的缺口，讓臺灣邁入全民保險的時代，落實政府全民照顧的理念。而採行「年金」方式辦理，不僅可以避免一次給付後，因資金運用不當所發生的損失；此外，年金制度有配合物價指數調整投保金額（投保金額為計算年金給付的基礎）的設計，可以避免因通貨膨脹造成給付縮水，以確

實保障年金給付對象的生活需要。

■「國民年金法」的立法歷程

我國國民年金制度歷經十餘年、五個階段的積極規劃，除參酌我國國情及先進國家年金制度的實施經驗，並廣納各界建言及不斷整合分歧意見，終於民國96年7月20日經立法院三讀通過「國民年金法」，並於民國96年8月8日由總統令公布，民國97年10月1日起開始施行。我國國民年金制度是採社會保險方式辦理，開辦之初提供「老年年金」、「身心障礙年金」、「遺屬年金」及「喪葬給付」四大給付項目，並整合國民年金開辦前已經在發放的「敬老津貼」及「原住民敬老津貼」，改為「老年基本保證年金」及「原住民給付」。

國民年金原規劃將農民一併納入，但是為了確保農保被保險人原本農保的權益不會因為國民年金開辦而受到影響，並為順利銜接國民年金與勞保年金制度，行政院會於民國97年6月通過國民年金法部分條文修正草案，並送立法院審議，民國97年7月18月經立法院三讀通過，將農保與國保脫勾，農民繼續加保農保，相關的喪葬、殘廢、生育等給付仍依照農保原有的制度；農、漁民如符合老農津貼請領資格，仍可繼續申領老農津貼。此外，放寬民國98年1月1日勞保年金制度實施前已領取勞保老年給付者，如未滿六十五歲者仍應參加國保，不受勞保年資之限制。

國民年金開辦屆滿兩年，內政部為因應早期軍公教退職人員老年生活保障不足之問題，增進對弱勢國民之保障，以及各方反映國民年金按全月計費方式應予修正之建議，擬具國民年金法部分條文修正草案送行政院，行政院會於民國99年9月通過並送立法院審議，民國100年6月13日經立法院三讀通過，針對領取相關社會保險老年給付之年資或金額偏低者，放寬國民年金納保資格及給付條件，並將保險費及保險年資由按月計算修改為按日計算；另為配合政府鼓勵生育政策，解決少子化問題，新增生育給付之給付項目。

■國民年金的主管機關及保險人

國民年金的主管機關，在中央是內政部；在地方，直轄市是直轄市政府，縣（市）是縣（市）政府。國民年金因為是採社會保險制度，所以由內政部委託勞工保險局辦理，並為保險人。

資料來源：轉載自中華民國行政院勞工委員會勞工保險局全球資訊網（2011）。國民年金簡介， http://www.bli.gov.tw/sub.aspx?a=EqVSfrb7aT0%3d。檢索日期：2012年1月27日。

第二節　安身立命

一、捍衛健康

退休以後，生活形態開始有了相當大的改變，最明顯的就是生活作息與以前大不相同。從工作忙碌轉變成生活清閒，一開始

會有如釋重負的感覺，不必再為工作的責任而煩憂，正是所謂的「日日是好日・夜夜正好眠」。

但是這種日子過久了，就很容易產生一些副作用。比較常見的如懶散、憂鬱、孤獨、過食、易怒和健忘等。這幾個症狀會有連鎖效應，若稱之為「退休症候群」並不為過。這些症狀多肇因於退休後的生活環境和習慣的轉變，如果不加以注意，情況會持續惡化，甚至導致嚴重的後果。其中，憂鬱和孤獨是由於心情不能合情理的調適所造成，會間接影響到家庭生活的和諧。而「過食」和「健忘」則是受到生活環境改變的影響，也會直接加速身體的老化。

老化的殺手
懶散＋憂鬱＋孤獨＋過食＋易怒＋健忘

要避免這種情況的發生，或是防止它的惡化，事前對退休生活的正確認知和對退休生活品質的持續努力是很重要的，筆者建議每日安排幾項有意義的事，以調適新的生活習慣：

1.維持每日固定的散步習慣，並常與家人談話，但切勿爭論。

2.不要堅持退休前不變的生活習慣，給自己和家人留下一些可變通的空間。

3.保持適度的運動量，或將精力用於休閒活動，避免因懶散而食用過多的零食。

4.利用麻將、象棋或是電腦，刺激自己的腦力（左腦掌管分析和計算）。

5.多參加各種社交活動，增進與朋友間的互動關係。

6.可以用寫日記的方式，抒發內心的感情，無論是歡欣或是不滿（右腦掌管感情和創造力）。

7.每天給自己留下一些獨處的時間，靜心思慮，或是高歌一曲。

8.喪偶的人可以去結識一些異性朋友，戀愛使人有幸福感。

9.延續學習，恢復自信。

二、醫療保險

隨著年齡的增長，健康情況必然也是每況愈下。萬一有緊急的情況，應該如何處理需要及早做好準備，才會有萬全的保障。不管是小病時的掛號，或是大病時需要住院，甚至在家的長期療養和定期體檢等等，處處都需要費用和人力，一個健全的醫療保險是絕對需要的。但是任何保險都不是百分之百免除花費的，自己仍然需要準備一筆備用金，以備萬一時所用。

許多國家對六十五歲以上的國民都有一種特別的醫療保險制度，保險費的金額較低，本人所負擔的醫療費用相對也低。我

們所熟悉的日本，也有和臺灣全民健保非常類似的「國民健康保險」。美國雖然還沒有全民健保，但是對六十五歲以上的人仍然有所謂“Medicare”的醫療保險及“Medicaid”（低收入醫療保障）。

上述這些都只是基本的醫療保障，依一般家庭的經驗，普遍來說這些保險是不足夠的。譬如說，以長期住院的情形來說，如果是單人病房，或者用的是高價藥品，亦或是需要請特別看護時，通常保險是不負擔上述的費用。這也是很多中高齡的人，在上述保險之外，還需要去買人壽保險公司的各種保險的原因，像是特別疾病保障保險（針對國民主要死亡疾病，如癌症、心臟病、肝病、中風或是意外死亡等）及老年病患療養院，或是在家的醫療看護與生活照顧等。種類繁多，消費者可依照自己的財力和實際狀況，於經過比較之後做好考慮，以便選擇。消費者需很謹慎地看清楚保險的詳細內容，避免屆時發生醫療保費的糾紛。基本上，醫療保險需要留意的重點如下：

1.加入保險時的年齡、健康條件及每月應繳的保費金額。
2.醫療、醫藥、住院、健檢及看護（包括眼睛及牙齒）等各種情況的實際應自付、付款條件、金額及期間限制。
3.保險年數。
4.萬一發生死亡時的保障內容。
5.其他：如非住院型的醫療看護等。

全民健保的認識

■全民健保要點摘要

1.全民健保的本質

臺灣的全民健保採取強制性的社會保險方式，是一種繳費互助、社會統籌、平等就醫的醫療安全保障制度。其特性是根據保險的大數法則，分擔少數患者的高額醫療費用風險，將居民個人收入進行再分配，即個人所得的橫向轉移，高收入者一部分收入向低收入者轉移，健康者的一部分收入向多病者轉移，實現社會共濟，以解決居民生病時無錢就醫，甚至陷入因病至貧的困境。根據2004年的一項調查，國民對健保的滿意度為77.6%。

2.全民健保的目的

臺灣的全民健保是向全體居民提供適時、適度，包括疾病預防、診斷治療、健康教育等廣泛性的醫療服務。所提供的醫療服務中，涵蓋了住院醫療服務和西醫、中醫及牙醫的門診醫療服務，給付範圍包括醫師診察、檢查、檢驗、手術、處方、藥品、材料、治療處置、護理、康復及住院病房費等項目。預防保健服務包括計劃免疫在內的兒童預防保健、成人預防保健、體格檢查（四十至六十四歲成人每三年檢查一次，六十五歲及以上老人每年檢查一次）、孕婦產前檢查、婦女子宮頸抹片檢查等。在健康教育方面，製作各類宣傳品和紀念品，如健康手冊、人員培訓資料、折頁、影音製品、刊物及舉辦健康知識報告會等，開展健康促進運動。自2003年12月起，推行「全

民健康保險家庭醫師整合性照護制度試辦計劃」，充分發揮基層診所家庭和社區醫師的功能，提供社區居民各種急慢性疾病的照顧和轉診服務，並與合作醫院形成完善的社區照護網路，培育居民有病先找家庭醫師進行健康諮詢的就醫行為，以促進分級就醫和轉診制度的實現。

3.全民健保的原則

臺灣的全民健保以「全民參保、強制性投保」為原則，在原公、勞、農保被保險人的基礎上，擴展其眷屬並將其他人口納入保險。被保險人依其職業類別與所屬單位，分為六個類別，有職業者（包括其無工作的眷屬）透過所屬單位投保，沒有職業者（包括無可依保親屬的退休人員）可透過鄉（鎮、市、區）公所投保。為了提升居民的健保參保率，2003年6月修正了「健保法」，對經濟困難的居民採取專項優惠辦法，無健保卡的困難居民患有重症、急症時，可先就醫後參保，同時，對長期拖欠保險費而無力參保的有困難國民，可獲准在一年內免除或緩繳先前的欠費，以將他們儘快地納入健保的保護傘下。至2004年底，臺灣居民的參保率已達97.35%。

4.全民健保的理念

全民健保的理念是「發揚自助暨互助的精神」。2004年，全民健保籌集的保險費達3,700億臺幣（其中來自被保險人的費用佔40%，參保單位的費用佔33%，政府補助佔27%），約佔當年GDP的6%。參保人員的繳費率為本人月工資的4.55%，六類保險對象依其職業類別與所屬單位分別由個人、單位、政府承

擔不同的比例。對於經濟困難的弱勢人群，包括低收入戶、身心障礙者、中低收入戶中七十歲以上的老人，原住民未滿二十歲及年滿五十五歲而無職業及失業國民，可由政府補助其自付的繳費部分。不在上述範圍內、但無力繳納醫療保險費用的貧困人員，也可向健保管理部門申請分期繳納保費、辦理窮困基金無息貸款、申請慈善團體代繳醫療保險費。

此外，為減輕重大疾病患者負擔醫療費用的困難，健保管理部門將惡性腫瘤、尿毒症、精神病、先天性畸形、免疫性疾病、燒燙傷、職業病等三十一種疾病納入重大傷病項目。目前約有五十七萬餘人（約佔參保人員數的2.4%）領取了重大傷病卡，享有就醫免除個人負擔部分醫療費用的優待，其醫療費用支出約771億臺幣，約佔總醫療費用的22%，確實減輕了大部分重症患者的醫療費用負擔。

5.全民健保的支付制度

全民健保採取了「合理利用醫療資源、分步實施總額支付制度」的辦法。2002年，健保特約醫療院所達16,958家，約佔全臺醫療院所總數的93.33%。另外，特約社區的零售藥店有3,348家、醫事檢驗機構226家、助產所22家、精神病社區康復機構53家、社區居家照護機構390家。特約醫院提供的住院病床計有123,723床，由於臺灣的私立醫院約佔總數的85%，其中由保險全額支付的病床佔78.4%，病人需負擔病床費差額的佔21.6%。居民每年人均門診利用率為一四・四三次，每年百人平均住院次數為一三・四次，醫療費用中門診醫療費用佔67.34%、住院

費用佔32.66%。參保人享受醫療服務，大部分由保險組織付費，某些項目個人也要自付一定的費用，如到基層醫療機構門診就醫者需自付50元臺幣，到醫療中心門診就醫者需自付210元臺幣，以促進醫療資源的合理利用，建立參保人員自負醫療費用的意識，促進醫療分級服務，將資源留給最需要照顧的病人。對醫療服務供應方的付費，則採用多元化的支付辦法，由初期的按服務項目計價付費，逐步推動按單元服務定額付費，並積極實施醫療費用總額支付制度。

■全民健保的醫療費用控制辦法

全民健保的基金籌措與償付實行「以支定收、以收定支」的辦法，醫療保險基金現收現付，沒有積累。為此，醫療保險管理部門開源節流，不斷改革醫保支付辦法，最近又提出了「多元微調」的方案，以更多元、更有彈性的做法，積極改善健保體制內未臻完善的部分，以確保醫保基金的平衡。

1.制定相對值，使醫療費用支付標準合理化

全民健保自開辦以後，承襲了原勞保時代就已制定的收費標準，略做修改補充，公佈了「全民健康保險醫療費用支付標準」，也就是醫療服務的收費標準，作為特約醫療院所為參保人員提供醫療服務後，向健保管理機構申報醫療費用的依據。多年來，健保管理機構雖然多次修訂，但都是局部的微調。

為了顧及支付標準各項目之間的平衡，自2000年7月開始，以較客觀的方式對「全民健康保險醫療費用支付標準」進行全面而有系統的研究和修訂。在修訂過程中，採取了包括臨床醫

療專家、衛生經濟成本分析專家、衛生政策專家及保險行業專家在內的團體運作方式，參照美國醫療資源耗用相對值的制訂模式，由四十餘個醫學專業團體協會（學會），制訂各自相關專業診療項目的合理點數。因醫保支付的各項目都必須以固定的某項目（基準項）為基礎，給予合理的點數，因此稱之為「相對值」。第一版支付標準相對值表於2003年3月21日公佈實施，以公開透明的方式，公佈了三千四百項醫療服務項目、六千多項醫用特殊材料的支付標準，為總額支付制度的配套改革提供了基礎。目前，健保管理機構正在吸取各方的意見，擬對支付標準相對值表進行合理調整。

2.調整費率及繳費基數，維持醫療基金的平衡

全民健保自1995年啟動運行八年後，基金基本保持平衡，但由於人口老化、醫療科技進步及居民就醫需求增加等因素，到2003年6月底，健保安全準備基金餘額為102億臺幣，已低於一個月的保險給付總額。由於健保是財務自主、自負盈虧的社會保險制度，必須以保險費的收入支付被保險人的醫療費用。當基金平衡發生困難時，保險調整保險費率，或縮小給付範圍，以維持基金的平衡。因此，健保局於2002年9月起，實施第一次的健保費率調整。考慮到廣大參保人員的分擔及經濟發展的實際情況，費率僅做微幅調整，由4.25%調至4.55%。此外，自2005年4月起，還將提高參保人員中的機關、學校、公司等第一類人員的繳費基數，以增加籌資。

3.綜合運用各種有效手段，推動多元化支付辦法

健保局吸納了國際上實施社會醫療保險制度的國家和地區在控制醫療費用上的成功經驗，幾乎採用了世界上社會醫療保險對醫療服務供給者所有的付費方式，以推動多元化的支付辦法，除按服務項目計價付費外，逐步實施按單元服務定額付費，按服務對象人頭費用總定額付費和醫療費用總額支付：

(1)在按單元服務定額付費方面：健保局以1999至2001年健保住院醫療費用資料為基礎，借鑒了HCFA-DRG第18版病例組合分類方式，開發了適用於臺灣地區的各病例組合的相對權值，對五十種疾病實施按病例定額付費的方法。

(2)在醫療費用總額支付方面：於1998年起，首先實施牙醫門診總額支付制度；2000年起實施中醫門診總額支付制度；2001年起，實施西醫基層總額支付制度；2002年實施醫院總額支付制度；爾後，健保局開始全方位地推行醫療費用總額支付制度。

4.繼續探索藥品和醫用特殊材料給付的合理性

2004年，臺灣醫療費用中藥品費用約佔總費用的25%（與前幾年基本持平）。為了使藥品支付結構更合理，並解決市場價格與醫療保險支付價格的差價問題，健保局依據「藥品支付價格調整作業要點」，逐步縮小專利藥品或品質較無異議的同成分、同含量、同規格、同劑型藥品之間的差價，並調整藥品支付價格，使其更接近藥品市場實際的加權平均銷售價格。目前，臺灣健保藥品目錄中計有醫療保險支付藥品一萬

五千八百七十九種用藥。

對於醫療特殊材料部分，對材料的支付主要應用點數法。目前健保支付的材料分為三種：

(1)內含技術勞務費用的材料：如檢查、治療處理的一般材料。

(2)技術勞務費用和定量材料費：如手術、麻醉一般材料。

(3)採取按廠牌別列價、按項目計價方式付費的材料，共七千七百一十一項。

資料來源：轉載自華夏經緯網（2007/07/31）。臺灣的全民健保，www.huaxia.com/la/tbchwz/2007/00659568.html。檢索日期：2012年1月27日。

三、自我保健與家庭醫生

有個朋友說道：「人一生有五種朋友不可少，醫生、律師、銀行家、農人朋友和教育家。」儘管每個人都有自己的選擇標準，但是這個朋友是成功的商人，我們瞭解他選擇這五種朋友的意義。他甚至把醫生放在第一選項是有道理可循的。

在美國的醫療文化中，選擇“Family Doctor”或是某個醫療網（醫療團隊）是很重要的一件事。他們的轉診不如臺灣和日本的迅速，據說在臺灣，安排得好的話一天可以看好幾科，可是在

美國這是不可能的；一般來說，轉診需要兩個星期左右；當然地域遼闊也是原因之一。總之，到了夜晚或是週末，如果有突發的病痛又去不了醫院時，若是有一個熟識的家庭醫生時，就讓人安心多了。中高齡的朋友，應該做好這些準備。這個好處不僅止於在一般醫院休診期間時，您不但可以迅速找到醫生，同時這位專屬於您的家庭醫生也必定對您的病例一清二楚，如需轉診，可以迅速提供詳盡確實的診療病歷，不會延誤病情。在現代社會，多數人都會覺得這是必要的，而且平常就可以從家庭醫生那裡得到一些保健的建議，對整個家族都有莫大的益處。

慢性病通常都和人們的飲食、疲勞或遺傳體質有很大的關聯性，像糖尿病或是心臟病。這類的疾病，俗稱「成人病」或是「生活習慣病」，對於這方面的疾病家庭醫生可以發揮很大的功能。現代醫學日新月異，看診時的分科變得非常細，有些專科醫生對自己本科以外的病，也不盡明瞭，所以家庭醫生對病患而言，可以說是保障健康與後續醫療的最親密朋友，也是最好的保健顧問。

還沒有專屬家庭醫生的朋友，可以考慮從自己常去看病的醫生中挑選一位信任可靠的，或是透過上網查詢，或是問問親朋好友，或是請求衛生所幫忙，就可以很快地找到適合自己的家庭醫生。好處是：

1.除了病痛的醫療外，也是自己平日生活習慣的好顧問。

2.不但可以照顧自己，也可以照顧全家。

3.當有必要時，可以幫忙介紹大醫院的專科醫生。

4.因為熟識的關係，基本上隨時都可以聯絡。

5.由於平日對您病情的瞭解，可以給您可靠的醫療建議。

不過，至善的保健方法，仍在於自己的努力，而且必須要有恆心與毅力。 一個人只要有健康良好的心理，人體就會自然產生很大的抗癌能力。財產是子女的、功勞是老板的、官爵是一時的，只有身體才是自己的。

每天大笑不會老！

常言道一笑泯恩仇、一笑更能解千愁，天底下有什麼比「笑」更容易取得、更容易讓人快樂？學習簡單的「笑笑功」，讓您身心徹底釋放，天天開心、不會老。

「笑笑功」是由前瑞豐造紙副董事長高瑞協先生所創，是一種結合笑與氣功的功法。此功法是利用大笑來幫助人們回到最原始的嬰兒階段，因此「笑笑功」的動作非常原始，藉由自然大笑來達到身心放鬆的效果，不少參與「愛笑俱樂部」練習此功的學員會感到整個人變得輕盈多了。

三軍總醫院婦產科黃貴帥主治醫師表示，光是簡單的大笑，只要持續不到10分鐘，都會讓他笑出一身汗來，在國外也曾有研究發現，大笑1分鐘就能消耗掉45大卡熱量。

在高壓環境下，要以冷靜放鬆的態度來處理危急事件的時候，笑可以抑制會引發緊張情緒的腎上腺素及可體素分泌，讓

人可以比較冷靜地判斷事情的輕重緩急；因此，「笑」可以說是一種動態冥想，也是一種放鬆術。像美國李伯克醫師就發現，笑會提高人體內自然殺手細胞的數目，增加身體抵抗力，甚至還有研究發現，笑會使呼吸道及鼻腔內的A型免疫球蛋白增加，可抵抗病菌入侵，而且大笑的時候，會作用到胸腔內的肌肉，也有助於將胸腔內的痰液咳出。

若能化假笑為真笑，把悲哀轉化為喜樂，啟動生命潛能，自可使身心徹底釋放，免除壓力上身。大家一起來大笑，人人活到一百歲。

資料來源：轉載修改自廖彩萍文。〈每天大笑不會老〉，http://www.philcheung.com/Health/LAUG.htm。檢索日期：2012年1月27日。

四、生前信託

生前信託和一般的遺囑信託不同。遺囑信託（Testamentary Trust）是在當事人死後，根據其遺囑所做的一個信託。內容當然包括身後葬禮或是財產的處理方式等等。但是未經公證過的遺囑是否具有效力，仍有待法官的判定。而生前信託則是當事人在生前即將自己的財產進行分配，或是有其他願望委託律師做一個公證，委由律師於其死後代行處理，以免有後顧之憂，此舉可取得稅制上的優惠。在美國，沒有辦理生前信託（Living Trust）的財產，將會經由法院審理，其中有一定比率的財產將會收歸國有。

在西方，辦理生前信託或是遺囑認證（Probate）是一個普遍的常識，可是對東方人而言，似乎還有很多人保持著觀望的態度。

「信託」兩個字意在中日兩國的解釋各有不同，國人在辦理生前信託宜留意下列幾點：

1.先準備好詳細內容，然後與律師商量。

2.手續費一般來說是根據遺產額度來決定。

3.辦理信託業務的信託銀行的可信度如何，必須審慎查之。

4.委託公證的同時，也委託在本人死後代為處理。

5.生前信託可以避免財產認證，但是不能避免遺產稅。

6.也可以辦理夫婦共同的生前信託。

7.接受贈與也有繳稅的義務（贈與稅）。

第三節　心理調適

一、家庭的和諧

第一章曾經提到，縱然在退休前已經做好了心理準備和意見的溝通，由於退休後生活環境的改變，在生活上仍然會有一段不適應期。特別是與朝夕相處的妻子在說話方式和生活作息上，難免會有一些衝突與壓力。要如何避免衝突和消除壓力，有待自己

深切體認時空的變化，學習冷靜而且有耐心地去理解對方，尋求磨合的方法。這個意思並不是要放棄或徹底改變過去的觀念和習慣，而是希望在做任何事、說任何話之前，都要事先考慮到對方的立場，給對方留點餘地，讓對方感覺受到尊重與關心。

也有的朋友是和兒孫住在一起的，這種相處模式又是另一套哲學。房子小，人口多，如果還有媳婦或女婿同住，生活細節的摩擦就會更多。譬如最常出現的問題有：

1.家事的分擔不公平。

2.生活費支出不協調。

3.沒有個人或夫婦單獨的生活空間。

4.觀念與價值觀的不同所引發的爭論。

5.過度的叮囑和關心。

6.自私與生活習慣的不同。

7.飲食習慣的不同。

8.其他。

或許您會認為，都已經結婚幾十年了，彼此老早都已經習慣了，早有基本的瞭解又何必如此「戰戰兢兢」呢？是的，就是因為有這種想法，反而會疏忽對他（她）的尊重和諒解，以致造成誤解。雖說結婚幾十年了，能真正平心靜氣地在一起相處的時間又有多少呢？因為大部分的人一生都生活在工作和奮鬥之中，大家都被綁在婚姻的框架裡，過著千篇一律的日子。在一個規律的

生活形態裡，新鮮感和變化除了需要雙方努力創造之外，也永遠不會嫌太多的。如何避免危機的出現，是必須冷靜深思的課題。往後的人生，若想快樂的度過，「家和萬事興」就是一則不變的鐵律。

二、家庭生活體檢

大部分中高齡朋友的子女，應該都已經自立生活或是遠赴海外定居，留在家裡的大多是老夫老妻而已，或是含飴弄孫，或是喪偶獨居或是與子女同住。這裡的家庭生活體檢，原則上是以夫婦生活為中心所設定的，不妨做個回答，自我檢驗。

1.對彼此的一舉一動，很在意嗎？
2.對彼此的說話方式，很挑剔嗎？
3.覺得他（她）已經沒有魅力，反而很羨慕別的夫婦嗎？
4.對彼此的金錢和使用方法，很介意嗎？
5.當自己在家的時候，也覺得對方應該在家嗎？
6.當自己說話的時候，希望對方全神貫注，不可以插話嗎？
7.當對方外出或回來時，對他（她）的去處和所見到的人及所做過的事，都覺得應該打破沙鍋問到底嗎？
8.您覺得只有自己的想法絕對正確有理嗎？
9.您覺得天下男人都是一丘之貉，天下女人也都是一般見識的婦人之見嗎？

10.您覺得他（她）過去對家庭的貢獻不值一提，而且錯都是在他（她）嗎？

11.您覺得彼此無話可談，即使對坐，也是呆若木雞，不如各自回房去嗎？

12.您覺得彼此的東西應該分得一清二楚嗎？

13.您覺得退休生活不等於第二人生，而是「餘生」嗎？

14.您覺得人生不過如此，世間已沒有樂趣或值得高興的事嗎？

15.您覺得屋裡屋外，都很無聊，可是又不知道該去哪裡，該做何事嗎？

16.您覺得孩子都不關心您（妳）嗎？

17.您覺得他（她）做的菜愈來愈糟，完全沒有胃口嗎？

18.您們的談話內容，都只是兒孫或街坊鄰居這些主題嗎？

19.您們常為過去的一些小事爭論不休嗎？

20.您們完全沒有共同興趣嗎？

21.要您說出對方的一個優點比登天還難，可是要說缺點卻是「罄竹難書」嗎？

22.若有來世，不願再見嗎？

23.對自己失去了信心，在年輕人面前感覺到害羞嗎？

24.儘管對方是無心之言，您仍然非常敏感介意嗎？

25.您還有非份之想嗎？

26.您覺得他（她）的親戚朋友不重要嗎？

上述問題回答“Yes”愈多，就愈要留意。

■特別注意一

有一句很有意義的話「人是英雄，錢是膽 」。不要說是退休的朋友了，人到了中年以後，手頭或多或少都有一些積蓄。但是無論您享受的社會福利如何完善，還是必須為自己留下一筆備用的錢，而且還要好好的管理。

中國人的家庭，特別重視倫理和相互的扶持。中高齡者常會以為家族的愛，就是將自己備用的錢拿出來幫助兒孫。這是好事，卻不宜過分，應該適可而止，否則會影響到自己的生活規劃。最常見的是子女的教育費、結婚、買車和購置房產的資助。對於已經自立且經營事業的子女，更要注意不要輕易的幫忙周轉大筆資金，而且商場上的周轉金隱藏著很大風險。

日本人，即使家族之間，也避談金錢之事，並且認為這是一種美德。不過筆者以為，既是家族就更應該把錢的問題事先說個清楚、講個明白，以免留下遺憾：

1.原則上，對已自立的孩子，除非特別情況，不宜有金錢上的資助。

2.錢的問題，一定要在家庭成員面前公開協商，以公平為原則。

3.金錢資助要有限度，應該讓子女理解與遵守。

4.夫婦必須有統一的見解，切勿對子女私下融通。

5.確保夫婦第二人生的必須費用。

6.錢不可隨意借給外人。

■特別注意二

1.金錢糾紛是夫婦離異與家庭不合的最主要因素。

2.背後的批評與不當的傳話，是造成兄弟鬩牆的最大元兇 。

3.關心、鼓勵、尊重、溝通、寬容、忍讓是維繫和諧的最好方法。

4.退一步，海闊天空；爭一時，人間地獄。

■特別注意三

當健康發生問題，無法獨立生活，而且也不能期待子女的照顧時，最好的方法就是住進「長壽村」。這些照顧老人的機構，有多種型態，對年齡、費用等的規定各有不同，一定要事先瞭解清楚：

1.合法性。

2.經營狀況與外界的評價。

3.費用和保證金的償還是否可靠？

4.服務的品質第一，其次是硬體設備。

5.看護與醫療的服務。

6.所需費用項目，如會費、特別看護費、管理費、餐費、水電瓦斯電話費等固定及額外的費用等。

一般來說，國外的老人住居分為三種型態：

1.特別看護中心：指行動不便或重病患者。

2.住宅型：指接受政府生活補助的貧病老人。

3.中高齡住宅社區：限定能夠自由行動的健康老人。

最後，百年之後的安排宜及早和子女商議，忌諱不言，因為往往只會給子女帶來困擾。

【問題與討論】

一、退休後經濟生活規劃的重要性為何？

二、請列舉兩項可投資項目，並予以簡單說明。

三、何謂年金及其社會意義？

四、請簡介臺灣全民健保制度。

五、請舉例說明家庭生活和諧的必要性。

第三章

新生活的設計與經營

學習重點

■重新就業的類別與就業管道

■半工半休的生活形態

■退休者的新人生價值

第二章曾經說過，無論您打算在退休後選擇什麼樣的生活方式作為您的第二人生規劃，在做最後決定之前，都會有一段崎嶇的道路要走。雖然有些人可以很快地自己做好決定，但是大部分的人即使徵求了許多朋友的意見，仍然會猶豫不決，甚至還要經歷許多的挫折和教訓以後，才能找到方向。尤其過去大半生都是屬於薪水階級的朋友，這種現象就特別明顯。而今，在這競爭激烈的現實社會裡，壓力特別大，而計劃趕不上變化的可能性也很高。

退休後的人生，可利用的時間大約是二十到三十年，算起來仍然是很長的時間，若能好好把握，還是可以有所作為的。所以依據自己的實際情況，在決定之前務必謹而慎知。**表3-1**設定了幾個大方向，供讀者參考。

表3-1　退休後的規劃方向

仍有工作的願望和熱情	1.轉行。 2.創業。 3.至海外開發中國家工作。 4.堅守現有的工作崗位。
半工半休	1.兼差：貢獻自己過去的工作經驗與技能。 2.進修並在取得資格後轉行：挑戰新的工作。 3.先節流後開源：遷往鄉村或近郊城市居住。 4.移居國外。
晴耕雨讀	1.尋找新的人生價值。 2.義工：回饋社會。

第一節　仍有工作的願望和熱情

有許多人退休是因為制度和年齡的限制，其實身體的健康情況仍然非常良好，工作慾望也仍強烈，有能力和經驗，企圖心也不減。說真的，對他們的工作單位而言，讓這樣人退休，真的是一大損失，而他們之中尚有大部分人士，在退休後仍必須保有相當的收入，才能維持退休以前的生活水準。人們總是從年輕開始工作的時候，就逐漸依自己的收入水平來設計自己的生活型態。雖然大部分的中年人或多或少都有儲蓄的習慣，或者是已擁有自己的愛屋，但這並不表示到了退休的時候，他所負擔的責任也同時結束。譬如說，孩子的教育費和房屋貸款等等責任仍然繼續存在。

如果原來的公司能夠斟酌情況，繼續設法聘用符合退休年紀的職員，當然是上上之策。不過只有極少數的人可以如此的幸運。以日本的公司為例，留下的職員多半是技術人才，並非管理人才。日本的大學也有這種情形，早期聘用教師多是終身雇用制，也就是說七十歲才退休。可是近年來因「少子化」造成學生人數減少，學校為了確保收支平衡，就把新聘教師的退休年齡修改為六十五歲，甚至六十歲。為了公平起見，屆臨退休年紀的教師們，就必須退休。但是，有部分的名師或是專長不易被取代的老師，很多在正式退休後，又能重新被聘用。當然待遇不及以前，而且聘期最長多不會超過五年。

日本政府在2004年立法，計劃以八年的時間，逐步將現行的六十歲退休制改為六十五歲，其目的就是想因應「少子化」和「高齡化」所帶來的收支不平衡問題，試圖減輕財政上的沉重負擔。在這個政策之下，對於仍有工作熱情和有工作需要的人們來說，是一個機會。當然，這只是一個機會，並沒有絕對保障。特別是這幾年正好趕上嬰兒潮的退休期，在美國就有大量的六十歲出頭的退休者無法再找到工作，只能屈就一些非正式的聘僱人員。當地有一個說法，就是「父子兩代搶同一份工作」，真是一個無奈而令人感嘆的年代。

不只如此，許多企業陸續將生產基地移向海外，造成年輕失業者的增加及大量引進外勞而造成的負面影響，這些都是必須注意的問題。何況世界經濟的大環境也是危機重重，任何經濟復興政策，都無法完全信賴，就算成功，其福利也無法完全涵蓋社會各個階層。所以最好的辦法是根據自己的條件和願望，自己做好決定才是比較可靠的方法。當然，一旦無法延長工作年限，也可考慮其他方式，如轉行、創業或前往海外任職等方式。

一、轉行

在同一公司待久了，會像飲食一樣，老是吃同一種東西，容易感覺厭倦，產生倦怠感，除非這個公司充滿活力，工作內容充滿挑戰性，或者有著優厚待遇的吸引力。否則在同一公司已經熬出頭的高階人士，應該不會輕易考慮轉行吧！

傳統型的日本人不太願意考慮轉行，大多喜歡「從一而終」。常以公司為家，公司也把職員當成是家庭的一份子，而這種觀念，對日本人而言，是理所當然的。所以當一個職員接到客戶電話時，他回答的第一句話通常是「我是○○商社總務課的○○，請問您⋯⋯」。不管他的職位高下，大多會這麼回答。日本人解釋，他們重視自己在工作崗位上的職稱與職責。日語稱之為「居場所」。這或許是大家稱讚日本人有敬業精神的一個象徵吧。可是在歐美，卻另有一套他們的邏輯與價值觀。美國人認為，能夠轉行代表著自己的能力受到肯定，當然薪資也多會跟著上升。

不過，隨著日本及其鄰近各國經濟的突飛猛進，使得日本喪失了一些產品的競爭力後，原有「從一而終」的觀念也跟著被打破了。轉行變成了是一個可以理解，而且被年輕人追求的一件事，何況是在這個不景氣的時代。不過，轉行也有它的風險性存在。譬如各個公司的風格不同，包含產品、結構、組織、理念、文化、機動性及價值觀也不一樣，在原來公司所創造出來的業績或價值，並不表示也能在新的公司受到同樣的肯定。更何況最難的部分乃是人際關係的建立。如果這些情況不能掌握得宜，縱然擁有自信心，轉行以後也有可能會嘗到痛苦的經驗。藉由轉行來創造完美的第二人生，雖然可以繼續追求自己的樂趣，找到自己喜歡的工作，是個完美的理想，但往往現實多與心願相違。但是，既然仍有工作的熱情和經濟的壓力，就應該積極正向地面對轉行這個抉擇。在轉行的準備工作上，有下列幾項需要注意的事項：

1.必須具有現代職場上的兩個基本技能：電腦操作和外語能力。
2.強調自己的強項和豐富的經驗能為公司做何種貢獻。
3.準備好完整而且有重點的履歷。
4.面試前要充分瞭解該公司的業務內容和產品性質。
5.切勿拿過去和現在相比，一切要向前看。

一般的退休者所具備的技能和運動選手的技能不同。一個足球隊員轉到別的球隊以後，說不定可以發揮得更好，但是對想要轉行的人來說，千萬不可以老是念著過去的風采和光環。您只要盡力即可，表現好壞要讓別人來評價，否則就算成功地進入了另一個職場，也將面臨一場嚴峻的考驗。另外，一般公司對中高齡者的採用條件大多限於有特殊技術的人才，或者是半義工的工作形式。若有各方人脈可以介紹工作的話固然很好，但是建議在退休前就開始準備，效果會比較好。要不然也可以考慮在退休後，利用網路上的「人力銀行」，即所謂的「人才派遣」，也不失為是一個很有效率的求職方法。

二、創業

有些退休的人認為過去長年為公司服務，每個月領取固定薪

資，生活平凡也很無奈。如今退休了，也有自己的時間與資金，想一圓過去懷抱的夢想，為自己奮鬥，計劃自己創立公司。

傳統的創業成功者也許是白手起家，或許是擁有著龐大的資金和人脈。但是現代社會的創業家，首先必須具有個人的才幹和比別人更多的付出與努力，風險才能降低。所謂的才幹包括敏銳的觀察力、廣泛的觸角、時機的掌握和創意；其後，還需要有熟悉財務及法律等的專門知識人才做後盾。在取得相關人士的信任以後，銀行貸款等資金籌備也會比較容易，重要的是優秀的幫手也就跟著而來。最後將知名度打響後，經過品牌的策略設計，行銷通路就可以順利擴展開來。

當然，創業所承擔的風險是大過於轉行的，光是憑藉以前在公司的經驗和所學到的知識是不夠的，必須具備看透風險性的能力，避免空中樓閣的危險架構，也就是說必須有萬全的準備及務實的態度，才能勝任這場挑戰。

很多國家都有補助中小企業創業貸款的制度。過去在日本設立公司（株式會社），最少需要資本金1,000萬日元，再加上手續費30萬元左右，但是在新的法律通過後，即使資本1塊錢，也可以輕易成立公司。當然也有附帶條件，就是在公司成立後的第五年，資本額必須達到1,000萬日元，否則公司必須解散。美國也有類似的規定，是用稅金和必須僱用的員工人數及強制勞工保險來規範新成立的公司。另外還有所謂投資移民，最低投資額必須在50萬美金以上。

如果想要用小額的資金成立公司的話，可以在美國、香港或是新加坡等國辦理登記，手續比較簡單，也有律師或會計師可以代辦。但是真正想在國內創業的話，還是在自己本國內建立完整的計劃書和資金計劃，腳踏實地的開始會比較好。

對於曾經是薪水階級的人來說，創業似乎具有很大的吸引力。但是對長年習慣領薪水過生活的人來說，想要嘗試創業，一定要有特殊的環境、勇氣以及慎重的計劃。因為投資資金和生活費完全不同，除了自己家庭的生活費之外，還要準備僱用員工的薪資和不定期的周轉金等等。誰都可以經營公司，但並不表示任何人都可以賺到錢。

在IT化的科技時代裡，出現了一個現象，就是利用網路的個人創業變得快速且容易，例如類似網拍的個人公司，甚至形成一股風潮，其他還有如所謂MBO（Management Buy Out）的個人公司在美國也很風行。MBO經營方式是指某公司員工在承包該公司一部分的業務後獨立創業的意思。但是交易款額很大，非一般人所能為也。根據美國商務部人口普查局（US Census Bureau）在2002年的統計表示，當時美國大約有一千七百六十萬人是經營著沒有員工的個人公司。而且近年來，有許多在退休前後，辭去原來工作或是遭到遣散的中高年齡者也開始加入了這個行列。不過，這些人大多數都擁有特殊的經歷或是背景，以及有自已的客戶群。這對於一般的退休人員是否合適，必須考慮清楚。筆者認為，如果想要創業，必須先考慮到交易對象，也就是市場性。即

您的顧客在哪裡？到底是社會的多數族群？還是少數族群？三思而後行比較可靠。

三、到海外的開發中國家工作

為什麼到海外工作也是一個選項呢？經過調查後發現有如下幾個原因：

1.在國內無法轉行或創業，或是以外派為條件到國外發展。

2.對他國的嚮往和好奇，可一圓年輕時期的夢想。

3.經過當地親友和朋友的介紹，或具有特殊背景得以順利前往。

4.具有特殊技能，經由海外人力銀行的介紹，受到約聘。

5.已經取得退休金和年金，無後顧之憂。

6.對報酬多少不計較，有著能夠生活即可的服務心態。

一般來說，到海外工作有三種形式：第一是外派；第二是在當地謀職；第三是在當地創業。不過有一點必須明白的是，到海外工作和移民不同，移民的原因很多，譬如政治、經濟、家庭、國際婚姻等原因，有的是長期在海外工作生活的自然結果。移民基本上回國定居的可能性不高，而到海外工作的原因雖然也有很多，可是家庭仍留在國內的比率較高，所以大多數都是以經過一段時間後就回國為前提的。當然，不可否認在生活情況變動以後，也有可能轉換成為移民。

以日本為例，過去曾有許多年輕女性前往東南亞國家、香港或臺灣發展，現在反而是已退休的中高年齡層者較多，而且不分男女。這個分為兩波：第一波是在日本泡沫經濟爆發的時代；第二波則是自數年前日本經濟開始衰退的時候開始。第二波前往海外工作的人大多數都是已退休的技術人才，也有很多是金融界的資深者。亞洲許多國家，特別是ASEAN各國都非常歡迎他們，甚至包括中國大陸。因為近幾年退休的日本技術人員大多數都是在嬰兒潮時期出生的，在戰後的艱難時代吃過苦，所學的技術也比較紮實。

何謂ASEAN？

ASEAN即東南亞公約組織Association of Southeast Asian Nations的縮寫，最早的加盟國是印尼、馬來西亞、新加坡和泰國；其後Brunei加入，接著越南、寮國、緬甸和東埔寨也相繼加入。早期加盟國的經濟已經有了顯著的發展，新加盟國家也在急起直追中。

實際上，日本在戰後經濟復甦的奇蹟，是受到當時國際局勢變化的良性影響和刺激。另一個重要的原因就是，這些都是戰後餘生的吃苦耐勞者和三〇年代末期至五〇年代初期出生的人共同打拼後的成果。這些人大部分都是所謂的「定年」退休者，也有

很大一部分是一些大企業在經濟衰退期所資遣的技術人才。就人才的立場來看，這些人失去了繼續對公司貢獻的機會，對社會國家而言，也都是極大的損失。他們其中有一部分轉到中小企業的工廠裡工作，這些中小企業所生產出來的東西品質，有的並不亞於有名大企業的產品，甚至有過之而無不及。很遺憾的是，這些中小企業的周轉金不夠，也缺乏宣傳，無法對抗大企業的壟斷和新穎的銷售手段，因而逐漸地凋零。中小企業的相繼破產，迫使這些人才相繼將自己的事業轉向海外發展。

問題是海外人才市場需求經過一段黃金期過後已經開始萎縮，並逐漸呈現供過於求的傾向。赴泰國、馬來西亞的工作機會已經大大減少，其他國家如柬埔寨、寮國、緬甸、尼泊爾、孟加拉等國的人力市場則情況不明。回頭看看中國大陸，中國沿海地區似乎已經飽和，若想到中國求職，可能需要配合中國的「西部大開發」政策，前往西部地區移動才行。還有，至2010年為止，中國已和多個東南亞國家簽訂了FTA（Free Trade Agreement）自由貿易協定，於是形成了一個約十八億人口的巨大新生市場，加上海峽兩岸也簽訂了EGFA經濟協議，必然使得這個地區的金融、生產、運輸、貨物流通等等比以前更為活絡。這個地區應該會有一些新的機會，可以讓有意前往海外工作的人去嘗試。在這裡的企業不一定都是在地國的企業，也有很多是和求職者相同國籍的企業，譬如臺商，對臺灣人來說或許能提供天時地利人和的好處。（見**表**3-2）

表3-2　東亞各國工作簽證的相關規定

國名	工作簽證概要
澳洲	商業簽證最長四年，可以再加簽，注重實務經驗。 有Key Business Activity和 Non Key Business Activity兩種。
印尼	可取得IKTA（工作許可證）需繳納1,200美金作為技術能力開發基金。 領取簽證費用為30萬盧幣（另計），約十個工作天即可領取。
馬來西亞	限月薪1,200馬幣以上者才可申請。分為企業經營者、幹部及一般等專門職務三種。效期一至五年。
泰國	入境前必須先有非移民簽證。 需要本國企業及該國企業之推薦書。
印度	一年簽證；可加再簽。 需要本國企業推薦書及該國企業之僱用契約書。
越南	以商業六個月多次簽證辦理入境，再辦理工作簽證。 效期最長三年，可再加簽。 有條件限定之審查項目，如越南人無法做的工作等。
中國	工作及派遣駐外簽證。 效期一年，可再加簽。 需兩年以上實務經驗及相關專業知識；另需要僱用公司的聘書，同時審查本人之學經歷和各項資格。

資料來源：摘自海外移住情報。www.interq.or.jp/tokyo/ystation，檢索日期2012年1月28日。另可參考日本國際協力機構JICA；網址：http://www.jica.go.jp/volunteer/。

需要注意的是，離開了故土，遠走他鄉還得面對新的文化習俗和法律，特別是商業文化必定有所不同。待遇和工作也不見得有絕對的保障，成功和失敗的先例很多。下決定前應該詳細的做好調查與準備，政府或民間也有許多海外招募人才的網路資訊，建議可多方收集資料，務求慎重才好。還有，即將要退休的人大

概都是在六十歲上下，海外的工作畢竟比不上在國內生活安定，健康和體力是重要的關鍵，健康保險問題必須要事先做好準備，一切都得慎重考量。筆者周遭就有一些朋友是抱著莫大的期待和歡喜的心情奔向海外開拓第二段美麗人生，卻敗興而歸。經濟的需求固然很重要，但是對一個已退休的人而言，健康仍然應該擺在第一位。

四、堅守現有的工作

根據日本各種工會的調查顯示，接近退休年齡的人們之中大約有七成都覺得六十歲退休還太早，認為六十五歲比較可以接受，健康情況不錯的話，甚至希望可以延長到七十歲。調查顯示，他們並不完全是為了經濟上的理由，大部分的人均表示，六十歲還太年輕，住的房子又不大，退下來到底能做什麼，自己也很徬徨。何況目前的待遇也還不錯，早早退休實在太可惜了。這顯示出大多數的薪水階級在長久適應一種單純的工作形態後，突然被迫要去接受與以往完全不同的生活方式，縱然心裡抱有好奇心，卻難免也會忐忑不安。

從這裡可以看出，在許多屆臨退休的人們心中，仍舊渴望留在現有的公司工作。而且他們認為反正再累，再撐也不過四或五年，有工作總比在家沒事做好，如果撐不下去，還是可以隨時辦理退休，如此反倒沒有壓力。於是，將近半數的人事實上都在努

力爭取留在公司繼續工作的機會，直到做不下去為止。即使公司將薪資打了折扣也願意接受。

表面上看起來，這似乎是一種面對退休的消極態度，實際上這卻是一般薪水階級在沒有特殊計劃下的最好選擇。問題是，站在公司的立場，雖然也想留下一些好的員工，但在這個生存競爭激烈又不景氣的時代中，大多是有附帶條件的。他們必須先考慮即將退休員工的專長是否合乎繼續留下來的需要，嚴格來看，非技術人才，如總務或管理人員是不被考慮的。再以日本的大學為例，一年的總預算之中，所謂「人件費」也就是教職員的薪資，大約佔了60%到70%。對一個非生產營利單位的學校法人而言，的確是一個沉重的負擔。所以現實狀況是學校在人事安排方面特別慎重，因為一般教育機關不能像公司行號一樣，經營虧損後就設法裁員。因此，想要延長第一人生的工作年限，是要依據自己的專長和工作性質來判斷的；也就是說，如今任何的日本公司要答應即將退休的員工留任的話，都是有條件的，也就是說必須認定這個員工對公司的業務仍然是有貢獻的，是不帶有任何的人情味了。

經過一些分析調查後，發現希望堅守現有工作的人們，都有如下一些共同現象：

1.屬於樂觀知足型者較多。

2.對現在的工作已有心得或是成就，在公司的評價屬較高者。

3.對上與對下的關係都不錯，為人頗隨和，能夠隨遇而安者。

4.認為退休以後再創業，並無太大把握，也不值得。何況目前待遇並不差。

5.個性屬外圓內方型且對公司業務已經熟練。

6.工作以外已建立自己另外一個社交圈，並且有一些經常參與的興趣和活動，而且和工作單位並無任何關聯。

第二節　半工半休

「半工半休」是一個較無經濟壓力且最受歡迎的選項，實際上所佔的比率也相當高。一般退休者在退休後可以領取年金，但是有很多國家的年金不斷縮水，真正能領到的年金也僅能支付一些基本的開銷。如果遇到一些預料外的開銷，就會難以維持生活。譬如說日本政府在如今財政困難的時期，想盡各種方法去尋找財源，例如增加稅收就是其中一個最容易的方法。對退休者及高齡者而言，日本政府像這樣加強徵稅，並立法提高醫療保險中的自付額度的做法，使得絕大多數的退休者及高齡者紛紛感到不安和惶恐。如果現在是六十歲，最少還有二十年的光陰，萬一還有什麼突發事故，結果就會不堪想像。所以，許多人認為儘管已不再期望有什麼正規的薪資，但是若能有一些小額的收入，甚至

只要能彌補物價上揚的差額及足以支付上述等的額外開銷，就會感到心滿意足了。

一、契約制員工

一般來說，副業是指在正式工作以外的時間兼顧的另一份非正式工作。但是，對已退休的人來說，他們已經離開了正式工作，如果還有其他收入的話，多半不會在意薪水多少，目的只是補貼生活所需，或是為了興趣及打發時間，這種工作性質與一般工作不同。因此退休者所從事的這類工作，比較具有選擇性的自由，但是相對的必須先認清楚能獲得的報酬率是不高的，並且和正式員工不同，沒有獎金和退休金，甚至沒有醫療保險等待遇。而且若和自己過去的工作經驗沒有直接關聯的話，就如同一個全新的工作一樣，仍然須面對學習和適應上的問題。如果抱著只要有一點收入能貼補平日零用所需，又可學習一些新的事物，交些新朋友的態度來工作，生活不但沒有壓力，反而變得愉快又有意義。

從這個角度看來，契約制員工確實是個不錯的選擇，如果又能結合自己的專長和過去的經驗，則會更理想。時間利用上不但比較自由，還可以一邊享受退休以後的放鬆感，又可以保有某種程度的積極感，對身體與心靈同時都有助益。日本企業在這方面的僱用制度，頗為積極推動。

不過，契約制的工作機會也不是每一個人都可以輕易獲得的。即使是很幸運地爭取到手，若是工作效率或是成績不好，同樣也會隨時面臨解僱的命運。並且也有可能被分派到辛苦的工作單位。

日本大部分的契約制員工仍是技術人才佔大部分。有一位企業的經營者表示，有些員工的特殊技能甚至比機械還來得巧妙。譬如說他可以憑著機械運轉時所發出的聲響來判斷什麼地方有問題，需要怎麼去做調整，這是訓練不出來的技術，完全是長期工作的經驗和對份內工作的執著所孕育出來的。經營者捨不得讓他們離開，也需要他們來培育年輕一代的員工。

總之，契約制員工並不只是一般短期性的打雜工。雖然各個公司也都有他們自己的規定和福利制度，無論條件的好壞，基本上都必須根據國家的勞動法規來聘用人員。倒是這些退休後的人們，可以再以不同聘用形式返回工作崗位，當他們的技術仍能受到信賴和尊敬時，的確非常令人欣慰，這樣不但可以提高他們的榮譽感和對工作的熱情，同時也可以拾回他們對自己的信心。

再舉個不同的例子，就是大學教授和金融財務管理人才互補的例子。一般來說，要當上教授，必須有碩士以上學歷，並且有公開發表研究論文的業績，同時經過數年兼任講師的磨練，才能被推薦為專任的職缺，然後其持續的研究成果必須繼續受到學術業界等的肯定，才能逐步升為教授。這是日本大學教師升等的主要架構。可是近年來，很多大學也開始聘用退休的金融財務管理

人員以特任的方式到學校任教。大學的校教評會認為這些人才具有實務經驗，能夠培養學生的「即戰能力」，使得學生畢業後進入社會就業時，公司不需要費太大的心力去從事「再教育」的工作，畢業生應該具備就業能力，且要有直接走向第一線的能力。

相反地，一些大學教授或學者，因為在自己的專門領域裡從事研究多年，對某些專門問題的瞭解既深入又精準，於是在退休後，也常被某些公司聘為顧問。工作時間是自由的，不需要每天去上班，當然待遇與正式員工是有區隔的。他們的專長並不限定在科技或財務方面，任何分野都有可能。

總之，一般企業對契約制員工的期待是以技能和知識為主，而對顧問的期待則需再加上人脈與技術。另外，契約制員工的報酬通常是固定的，而顧問若是因為人脈或者經營戰略的關係，讓公司因此獲取利益時，其所得不僅有固定報酬，甚至還可以獲得成交利潤中的紅利（日本房地產仲介例）。也有可能同時由兩家以上的公司取得固定報酬。

另外一個很特別的例子是，日本有一所學校因為經營不善，造成赤字連年，始終無法改善。學校當局迫不得已，請了兩位曾經在三菱及三井公司任總務課長的退休人士到學校來當財務顧問。待遇視同正式教職員，有固定薪資和獎金。他們的任務只有一項，就是簽約在三年內設法將學校的收支打平，不允許再有赤字發生。剛來的時候受到教職員工會的強烈反對，但是法人當局執意要按計劃去做，結果三年過後，雖然沒有完全使得收支

平衡，卻也讓赤字減少了大半。結果這兩位顧問在也算「功成身退」的情況下辭去了顧問的職務，轉往另一家公司繼續當顧問。這是一個在退休以後活用自己的專長創造成功第二人生的例子。雖然這種機會並不是每一個人都遇得到，但畢竟是值得參考的。

降低中高齡者及高齡者的求職障礙措施

■就業促進津貼實施辦法

政府為協助中高齡者儘速就業，運用求職交通補助金及職業訓練生活津貼，增進中高齡者就業意願及機會，並鼓勵渠等人員學習一技之長：

1.求職交通補助金：補助經公立就業服務機構推介前往應徵工作時，其應徵地點與日常居住處所距離30公里以上或經濟能力薄弱之中高齡者，每人每次新臺幣500 元。但情形特殊者，得核實發給，每次不得超過新臺幣1,250元，每年以四次為限。

2.職業訓練生活津貼：協助安定失業中高齡者於參加職業訓練期間之基本生活，使其能安心參訓並促其迅速就業。每月按基本工資60%發給（新臺幣10,368元），最長以六個月為限。

■雇主僱用失業勞工獎助辦法

為鼓勵雇主僱用由公立就業服務機構推介之高齡者，雇主得向原推介轄區之公立就業服務機構申請僱用獎助，依勞工人

數每人每月發給雇主新臺幣10,000元或每人每小時新臺幣10元，最長以十二個月為限。

■提供職場體驗機會，協助強化就業準備與就業適應

透過事業單位或團體提供職場學習及再適應之機會，協助中高齡者就業準備及就業適應，使其重返職場。提供中高齡者之職場學習及再適應津貼，每人每月新臺幣17,280元，補助期間最長三個月，並補助用人單位管理訓練津貼，每人每月新臺幣5,000 元。

■辦理「多元就業開發方案」，直接提供中高齡者就業機會

透過民間團體或各部會、直轄市、縣（市）府所提具有產業發展前景，或增進社會公益，且具有就業促進效益之臨時性工作機會，協力創造在地就業機會。同時引導中高齡者在參與計畫過程中重建工作自信心，培養再就業能力。進用人員每人每日補助新臺幣800至1,000元，每月最高以工作22天為原則，最長十二個月。

■運用臨時工作津貼，提供緊急性安置就業機會

由政府機關（構）或合法立案之非營利團體，透過臨時性工作，提供中高齡者緊急性就業安置機會。於擔任臨時工作人員期間，輔以公立就業服務機構所提供之推介就業服務，並給予每週4至8小時之有給求職假，以協助儘速回歸職場，每月最高發給176小時，最長以六個月為限。

■優先保留公共服務就業機會予就業弱勢者

辦理「擴大公部門進用就業弱勢者計畫」，加強宣導各部

會開放工作機會（含各部會自行招募之人力、勞務及人力委外業務），優先進用中高齡者。

資料來源：整理自勞委會職訓局（2008）。《勞工雙月刊》第15期，全民勞動E網，http://hilearning.cla.gov.tw/index.do。檢索日期：2012年2月10日。

二、進修並在取得資格後轉行

(一)挑戰新的工作分野

對於自己的專長或過去的工作經驗沒有信心的話，可以考慮重新進修，取得一項資格後再出發，或許是一個比較穩當的選擇。現今全球化的競爭社會裡，大部分的專業性工作都需具備一張執照或許可證。美國也在2011年7月通過立法，要求在餐館打工的人也需要申請衛生許可執照。立意雖然良好，但許多人都不以為然，可是當一個社會的發展上了軌道以後，這是一個很難避免的趨勢。有一張許可證書，求職應該方便許多。其實很多人在退休之前，可能都已經取得某種執照了。

沒有執照的人，應該要取得什麼樣的資格才好呢？當然，首先要考慮自己的興趣和專長；其次應該考慮實用性和所需要的時間；因為對於退休的人，時間是很珍貴的，要重新學習一項新的技能，並且考上執照，賴以為生，確實也會有些風險的。

(二)獨立開業

各行各業的執照種類繁多，其中有幾種諸如會計師、律師、室內設計師等，競爭考試特別激烈。持照人大多都有一個夢想，就是自行開業，自己當老闆是多麼令人羨慕的事，但在自己負責掌控一切的同時，卻不能保證一定會有顧客上門，必須附帶許多的風險。畢竟不是每個獨立開業的人都一定能成功。當您翻開Yellow Page，您可以發現各行各業的廣告多如牛毛。許多長年的經營者都表示非常辛苦，就連令人羨慕的律師、會計師也是一樣。美國華人圈的媒體廣告中，除了餐飲業和醫藥廣告外，最多的就是律師、房地產、保險和各類醫療廣告，這些都是獨立開業的人。在一些活動裡面，也經常可以聽到他們的辛苦談，例如觸犯法律，引起訴訟，甚而破產關門的事，也時有所聞。根據研究資料顯示，日本目前有一種稱為「社會保險勞務士」的工作很熱門，執照也非常難考。現在全日本大約有將近三萬名合法的「社勞士」，其中約有一萬八千人自行開業，他們平均年收入大約是600到1,500萬日元；但是開業不到五年，年收入僅僅300萬上下的業者也不在少數；其中高收入業者，大多不是一人公司，而是聘用了幾位「社勞士」的共同成績。因此整體收入雖還可以，但是最後分到個人口袋的，卻也沒有多少。

取得執照獨立創業的戰略
特定人脈＋強化組織＋爭取資金＋開發市場客源

取得某種資格，立志獨立開業的朋友，除了要考量自己的性格適不適合之外，還需要經過相當的歷練，才會有好的成績。同時也必須考慮到如何去尋找顧客以及有無特定的人脈關係。僅僅有個執照就想獨立開業，似乎是一個有勇無謀的做法，需要三思後行。這也是筆者將取得資格後的獨立開業的選項放在「半工半休」這個項目之後才來論述的主要原因。

前面所提幾個熱門的項目，在世界各國也都是競爭激烈的項目。因此為求慎重起見，在報考上述資格之前，最好先將自己的目標定位在轉行或是志趣及對社會的回饋上面，不要求高的收入比較恰當。先在別人的公司工作一段時間，深入瞭解市場，並且廣結人緣，取得信任後，再考慮獨立創業，才有成功的希望。另外不妨試試一些新的項目（見**表3-3**），例如目前雖然冷門，但是不久的將來有可能成為社會新寵的話，也是值得去研究開發的。

表3-3　其他可供參考的工作種類

較受日、美社會歡迎的工作種類	園藝、社會福祉、房地產管理、室內設計、翻譯、潛水、救生員、健康顧問、運動指導員、高齡殘障者看護、環保義工、森林保護巡邏員、手語、電腦技師、國際NGO會員、外語老師、翻譯、農業生產、書法老師

三、先節流後開源

(一)搬往鄉村或近郊城市居住

前面已經提供了一些在退休以後，可以依據自己的情況和需要作為未來生活選擇的參考。另外，有一部分人士或許是經過長年的辛苦奮鬥，已經不想再為了工作的事情煩惱，他們單純的只想就現有的儲蓄，過著平靜的生活。

事實上所領的年金是不夠用的，儲蓄也會有用完的一天，如果壽命很長，又不想連累家人，甚至想過過與以往不同又平靜的生活時，筆者建議可以考慮從城市搬往鄉村居住，或是有機會的話，也可以移居其他生活費比較低的國家，當然治安的好壞也是個重要的考量項目。也就是說，如果不能開源最起碼要做到節流，目的不是為了求職，而是想改變一下生活環境，同時可以節約開銷，算是一個令人稱羨的好抉擇。少了消費的誘惑與刺激，鄉村的物價總是比都市便宜許多。說不定在接觸了新的土地與朋友以後，還會意想不到的找到工作機會而獲得某種程度的收入也說不定。

戰後嬰兒潮退休的人們確實有很多舉家搬往郊區的小城市或是鄉村，其中包含一部分人原本就出身鄉村，年輕時外出打拼，也打算在外地落腳生根，最後終究還是回到自己當初生長的地方。還有一部分的人是在退休前就看好某個地方，用畢生的儲蓄買了土地，然後提前退休，打算在鄉村從事農漁業的生產工作。

不過，有一點要注意的是，請記得古語「入鄉隨俗」的道理，特別是遷居鄉村，居住的是一般的民房而不是別墅時，要能理解鄉村也有鄉村的文化習俗和人情往來，不像城市裡的人們可以百分之百的保有自己的私生活。譬如說，鄉村的人情味特別濃厚，時常會不帶惡意的關心您的一切，包括您的家庭、交友、工作等等。在城市裡住久了的人，若改不了城市裡所孕育出來的意識和習慣，新的鄉村生活不見得會過得很愉快。

還有，鄉村不比城市方便，例如食品的採購、住居環境的修繕等等，很多都需要自己動手，否則就達不到節約開銷的目的。地方的團結意識也比城市強烈，例如村民的活動，儘可能要常常參加，才能達到守望相助而融合在一起的目的。若只是想要「閉關自守」的過著「個人」的生活，恐怕還是只有城市比較合適。美國大城市洛杉磯的近郊就有很多小城市，雖然不是鄉村，但是幅員遼闊，沒有自家用車的話，生活就非常不方便。當地人工的費用非常昂貴，住居環境需要維修些小毛病時，如果自己不會修理，想要請工人來幫忙，單單只是人工費，每小時至少也得付出50美元以上。

從經濟方面來看，上軌道的國家其城鄉差距雖然不大，鄉居生活畢竟還是簡單樸素，開銷還是比城市少了許多。但是鄉居生活並不表示在稅金方面會比較優待，一般來說，納稅制度在任何國家大都是城鄉一體的。

(二)移居國外

這裡所講的移居和移民不同，不過嚴格說來，移居也可能是移民的前一個階段。移居國外也是一個值得考慮的選項，但是有幾個問題必須先調查清楚，那就是移居資格、文化差異、生活費用、治安、氣候的適應和醫療保險等訊息。

即使您過去曾經去過某個地方很多次，這並不能表示您真的瞭解那個地方。如果您曾經在那個地方住過一段很長時間的話，情況就會不一樣了。不過最好是先閱讀一些介紹該地方的書或資料，再向曾經派駐過當地的本國人詢問一下居住時需要注意的地方，會比較安全一些。例如日本的物價很高是眾所周知的事，但是長期居住過當地的人一定都知道有什麼樣的省錢絕招；又如在泰國不能隨便碰觸到女人或拍小孩的頭；在中南美有一個國家，不能在人面前打嗝，因為那代表對他的辱罵等等民情差異，都是須事先瞭解的。文化是根深蒂固的，彼此的差異和誤解很容易帶來莫名的誤會；即使是相同文化的民族之間也很容易發生這類的誤解，更別說是不同文不同種的民族了。

至於何謂「退休移居簽證」，這是一種以領取年金生活的當事人及其配偶，可允許移居或長期滯留的特殊簽證；根據申請人年齡及銀行存款金額，簽發國家各有不同的規定；這種簽證可以移居，但是禁止在當地國工作。（見**表**3-4）根據筆者的經驗，最難適應的還是文化和價值觀的差異。要想打進當地的主流生活圈，最好的方法不是要完全放棄自己的文化意識和習俗，而是要

表3-4　可簽發退休移居簽證的國家

區域	國家
亞洲	菲律賓、馬來西亞、泰國、印尼
歐洲	意大利、西班牙、英國、葡萄牙、瑞士、摩洛哥、保加利亞、安多拉
中南美	墨西哥、瓜地馬拉、哥斯達黎加、委內瑞拉、巴拿馬、阿根廷、巴西
大洋洲	澳大利亞、斐濟、北馬里亞納聯邦

資料來源：布施 克彥著（2005）。《57歳のセカンドハローワーク》。日本東京都千代田區：中経出版。

藉著交友和語言的學習，先去瞭解（不是批評）當地的文化習俗，等待以後有機會時，再客觀地介紹自己的文化背景，就可以融入當地，同時也會受到尊重。美國是一個典型的移民國家，他的人口組成，主要是歐洲裔、非洲裔和墨裔，最近亞裔和中南美的拉丁裔移民也在急速地增加中。在美國強盛時期，他們是寬容的，他們允許任何國家文字的廣告看板豎立在街頭，可是在所有的公私場合，大家都有一種共識，就是用英文溝通。過去，各地圖書館都可以允許其他文字或語言的活動，現在大部分都只限定英文。

很多移民到了美國以後，大多居住在同一民族的聚居地，食衣住行都很方便，所以儘管住了十幾年，仍然不會說英文的情形很常見。美國地域遼闊，見面互動不容易，發生這種情況是可以理解的。可是如果您移居到其他國家就不見得能夠相安無事，譬如說在日本或是韓國，您不會說當地的語言，恐怕就會居不易了。

三十多年前，筆者第一次踏上日本的土地不久後便發生了一件令人深省的故事。

有一個週末，筆者和一位很守時的長輩約好下午1點鐘，在東京新宿小田急百貨公司的十二樓旋轉廳見面。當筆者趕到一樓電梯口時，已經是12點55分。可是電梯口已經有很多人排著長龍等待電梯。心想這下糟糕了！看樣子要搭上電梯，至少要10分鐘以上，對這位長輩是非常不禮貌的行為。筆者當下就做了一個決定，鑽進了一部下樓的電梯，打算跟著電梯下樓接著再回頭往樓上去，這樣就可以免掉排隊的困擾了。當時，只有筆者走進電梯，所有排隊的人都沒有動。此時，電梯小姐看著我詢問去哪一樓？我回答：「樓下。」到了樓下，我當然沒出去。等電梯回到一樓時，電梯小姐斥責說：「大家都很守法，您不可以這樣投機，請出去！」我當然沒有出去，並且試著解釋說：「一開始，真的是想去樓下，可是後來改變主意了，難道沒有改變主意的自由嗎？」電梯小姐氣憤難平，卻也無奈，只好跟換班的小姐交代了筆者的惡行，不悅地離去。可是事後，筆者也自覺慚愧難過了很久很久。還有一次是去秋葉原買收音機的例子。同樣的機種，發現第一家的價錢比第二家便宜日幣150円。便問第二家的店員說您們的價格怎麼比那家貴一點呢？店員突然非常不高興的瞪了人一眼，奪下手上的收音機，然後很不高興地說，您就去那一家買好了。這實在是很難堪，這就是日本的不二價文化。類似這種文化差異的故事可說是不勝枚舉，文化習俗的差距真的很大，真

要受到教訓而且能長時間生活過，才能慢慢的適應與瞭解。

如果要認真問什麼地方最好？當然還是自己的國家最好。移居國外到底能不能適應？最好的方法還是先在當地最少居住半年以上，學習適應及理解。若只是為了節省開銷才移居國外的話，後悔的機率也會很高。畢竟多數人還是很難適應急劇的環境變化。（見表3-5）

表3-5　相關國家生活費及房租參考（換算成臺幣）

國名	每月生活費	每月房租
泰國清邁	40,000～60,000	6,000～7,000（飯店式公寓）
馬來西亞培南	40,000～60,000	～30,000以下（高級公寓）
澳大利亞黃金海岸	60,000～80,000	（自有住屋）
菲律賓馬尼拉	～30,000以下（含幫傭）	15,000（約100坪）

資料來源：布施 克彥著（2005）。《57歳のセカンドハローワーク》。日本東京都千代田區：中経出版。

第三節　「晴耕雨讀」的田園生活

陶淵明的〈歸去來辭〉是一個家喻戶曉的詩詞，也是多少人夢寐以求的理想生活方式。然而時代已大不相同，今日的居住環境已無法與昔日的田園生活相比，看看現今的生活形態與物資消費的情形，使我們很難再像過去那樣可以生活在一個自給自足的世界裡了。精神的世界雖值得留戀，我們仍然必須面對現實的世界，也要做好心理與經濟條件的準備。

一、尋找新的人生價值

很多退休下來的人會這麼想：「辛苦一輩子了，無論有沒有存夠錢，就是不想再工作了！想要好好過幾年自由自在清靜的日子。」雖然也有很多人在退休後，過沒幾年又開始忙碌起來，例如幫子女帶小孩或如前章所言，又去找新工作，開創第二個新生活。但是無論決定為何，最重要的是您應該認真的去尋找一個「新的人生價值」，這是筆者誠摯的建言。那麼，什麼是「新的人生價值」呢？每個人的性格、喜好、環境各不相同，所以並沒有所謂的普遍性或標準型。暫時先不要去談論學術或是深奧的道理，建議您可以去回想年輕時候的夢想是什麼？您應該就可以找到一半的答案了。當然，夢想並不一定能實現，所以要斟酌退休後的主觀條件和客觀環境，加上人生歷練可以計劃讓夢想實現，不過不要抱著太大的得失心，才能從「新的人生價值」裡得到快樂與更充實的成就感。

這裡需要注意的地方是，長年的辛勤工作如今獲得釋放，很多人一時之間會不知道如何善用突如其來的自由，反而無所適從，甚至也有變成鬱鬱寡歡的情形。所以一定要冷靜地多多觀察、多多參考周圍朋友的例子，再決定自己到底想做什麼，千萬不要想到一個就做一個。記得，雖然Idea是天底下最便宜的東西（沒有成本），不過要等到付諸實行以後，才會成為有價值的東西。倘若只是停留在半途而廢的階段，只會重複地徘徊在後悔和

嘆息的漩渦中而一無所獲。

前面所提的夢想，簡單地說就是指「興趣」。一個沒有負擔，又能得到快樂的興趣，它的種類太多了，任君挑選。但是這又要如何挑選呢？很多人或許會說，我原來就沒有什麼興趣，只是想打發時間而已。如果是這樣的話，筆者建議您認真的想一想，世上有什麼事情，即使需花大筆的費用，您仍願意去做的。如果有的話，答案就出來了，那應該就是您的興趣了。而且若能和志同道合的朋友一起做，將會更加提升您的樂趣與自信。

在網路、雜誌以及各地方政府對外開放的公務部門，都可以找到相關的資訊資料。比較進步的國家，這些相關資訊都是很容易就可以取得。這些與興趣相關的活動有靜態的如讀書會，也有動態的如一些高齡者運動俱樂部，透過活動和交友，您會有意想不到的新發現，因而重新定義人生的價值。

有一位張先生，人生已邁入第六十八個年頭。他說過去的四十年裡過得非常辛苦。他出生在臺灣中部的一個窮苦的佃農家，由於兄弟姐妹多，父母親負擔不起養育之責，所以他中學沒有念完，就離家跟著一位水泥工當起學徒。當兵的時候，他的班長對他說：「您這個人非常善良，也很努力，就是學歷太低，這可能是您將來人生的最大障礙。」他一直記著這句話，退伍後也一直想好好存一點錢，去把最起碼的學歷給讀出來。無奈，家裡始終脫離不了貧困，他再就學的夢也跟著破滅了。所幸，因為人很勤快老實，經過朋友的介紹，進入當時的美軍顧問團，專門負

責修繕的工作。工作了十幾年，生活也還算安定，他想就在這顧問團幹一輩子吧。卻沒想到，憨直的個性受到其他同事的連累，於是離開了顧問團的工作回到臺灣。幾年後的一個機會，讓他舉家移民美國。據他說，因為曾經在美軍顧問團工作過，所以獲得了一些移民上的優待。

到了美國以後，一切不是想像的那樣美好和順利。在臺灣辛苦存下的一些錢，在幾年之內，就用得差不多了。他投資過旅館，也經營過小餐廳，結果都因志趣不合，加上遭到盜匪襲擊，身受重傷，於是不得不再度回歸老本行，在一家建築公司，負責專門修理浴室的工作。可是收入有限，卻又食指浩繁，大女兒很孝順，在念高中時，就學以致用招收學生教授數學來貼補家用。另外兩個女兒也都很懂事，從小就立定了志向，一個學藥劑學一個學商學。張先生的妻子更是吃苦耐勞，雖然英文不太好，無法外出求職，卻能相夫教子，守住了這個家。現在孩子都自立了，他也退休了。他的退休比一般人來得晚些，身體卻還很健朗，這應該是長年身體勞動後獲得的好處吧！

訪問張先生的人生經歷才幾個月前的事，雖然經歷不同，大家一見如故，我們的話題，幾乎都是圍繞著退休後的種種問題及生活情形。他說他雖然手上已沒有太多的存款，但是不想再工作了。子女孝順他們夫婦，也給他們零用錢，他計劃把女兒們給的零用錢存起來，打算將來作為三個女兒的嫁妝。現在，又把有限的存款，留作將來走了以後，作為辦理喪事用，不想給孩子增添

負擔。現在的房子雖然小了些，也已經做好生前信託了，將來要留給孩子們。健康保險則是高齡者健保，可以有一些優待。其他能用的收入就是靠每個月所支領的微薄SS（退休金），過著簡樸的生活。

最後問了張先生夫婦，您們還有夢想嗎？他們回答：「有！就是想趁身體還算健康的時候，能早點搬到海邊的小城市養老啊。」。「做什麼？」又問。兩夫婦不假思索地同聲回答：「釣魚呀。」真令人不解，再問：「釣魚？」此時張先生略帶害羞地說道：「我們年輕時，就是因為釣魚才結識的呀！」。驚嘆之餘說著：「好羅曼蒂克的退休計劃喔！」這或許就是張先生夫婦找到的新人生目標吧！

二、義工：回饋社會

當義工的想法，是一個積極性的人生價值。社會是一個以人為群體的組織，中華傳統的組織思想和體系為誠意、正心、修身、齊家、治國、平天下。這個天下所指的就是社會的意思。社會是沒有界限的，可大可小，既是無形的，也是有形體的。筆者並不會好高騖遠地用「世界大同」來勉勵大家，而用一個現代就有的社會制度來解釋社會互助的意義——全民健保（在日本稱為國民健保）應該是個很好的例子。

以較早開始的日本為例，國民健保的原意是為了保障全民的醫療健康，並減輕國民及社會的負擔，規定所有國民必須加入各類健康保險，若不屬於或退出了各種職業保險，就必須加入國民健保。它是根據國民個人的年收入所得高低，訂定出不同徵稅比率，最後依其所定比率來徵收健保費。無論您是否常常利用這個醫療保險，都得按月繳費；高收入者多繳，低收入者少繳。有一些人不能認同這種繳費額的規定，認為自己的繳費額度很高，卻不太能用得上。這是民眾還不理解這個制度的原意，其實就像是「有錢出錢，有力出力」的意思一樣，是一種社會共濟的想法。

讓我們更深一層的來解釋這個共濟的思想，其實就是社會責任和回饋。從正面的意義來看，眾多的人們在群居的社會中提供了許多機會與市場，讓人們賴以為生，同時也使得許多人憑藉才智、機緣和努力，創造了更多的財富與美好生活。富人在獲得財富的同時，不能把廣大消費者的努力結果排除在外，而僅僅只是歸功於富者自己的辛苦及幸運。因此要懂得如何與社會的進步共存，也就是要歸功於所有社會成員所付出的無形與有形的努力成果。

廣義的說，這個回饋就是社會全體成員的責任。國父孫中山先生曾說：「衡量自己的力量，能服務數萬人，就服務數萬人；能服務數百人，就服務數百人；如果完全沒有餘力的話，就把自己的事做好。」回饋的積極意義即在於此，也就是對社會的奉獻。不過，不一定要等到退休以後才能做，現在一樣可以開始著手做。

事實上，在現今社會的各個地方，都會看到許多義工，默默地在奉獻他們的力量。只要您願意，機會是很多的，譬如醫院的義工、老人療養院的義工、「慈濟功德會」等，其他如區公所、治安單位、教育機構和環保機構等等，都可以主動取得聯繫。

接下來想介紹兩個日本的組織讓大家認識：一個是NPO，另外一個是NGO。 NPO是Non Profit Organization的簡稱，是一個非營利組織。由一些人士出資組成，與一般無報酬義工的性質不同。這個組織即使因為辦理活動而產生利益時，也不會將任何所得利益分配給出資者。組織成立後，稱之為NPO法人，是根據特定非營利活動促進法所取得的法人資格。可以在銀行開設帳戶並接受各界捐款。NPO組織的設立條件為：

1.非營利。
2.需要正式會員十名以上。
3.不以宗教或政治活動為主要目的。

這類組織不同於前述的創業，是一個對社會進行服務與奉獻活動的組織。參加的成員絕大多數都是學有專攻，並且有豐富工作經驗的退休者。日本NPO法人組織的活動項目摘述如下：（布施 克彥，2005）

1.增進保健醫療和社會福祉的相關活動。
2.推進社會教育。
3.推進市區重建和發展。

4.振興學術文化藝術及體育活動。

5.環保活動。

6.災害救助。

7.地域安全。

8.擁護人權及推進和平活動。

9.國際援助協力。

10.促進男女兩性共同參與的社會活動。

11.促進兒童健全發展。

12.發展資訊化社會。

13.振興科學技術。

14.促進經濟活動。

15.開發就業能力，增進僱用機會。

16.保護消費者的相關活動。

17.支援前述機構的相關活動。

NGO是Non Governmental Organization的簡稱，是一個非政府組織，也是非營利團體（如**表**3-6）。可說是NPO組織的一種，活動是以參與或舉辦國際性活動為主。其活動舞台大多是在他國（也有在本國舉辦國際活動），參加成員大多是有豐富海外工作經驗的人。他們的活動常涉及到國際人權、地域紛爭、國際醫療、難民救濟或拆除地雷等一些較為敏感和有風險性的工作，而且非常忙碌。因此，需要一些專業的知識和相當的體力，並不是所有人均可以參與。

表3-6　日本NGO的活動情況（部分）及其它

NGO組織名	活動項目	活動地區
ICA文化事業協會	自然及人文保護	秘魯、尼泊爾
ESA Asia教育支援會	援助失學兒童	印度、孟加拉
國際兒童權利中心	保障兒童權利	印度、柬埔寨
日本國際志願人員中心	糧食自給援助及醫療	伊拉克、阿富汗
日本紛爭預防中心	調解紛爭	錫蘭、阿富汗
其它相關組織網址		
日本國際協力NGO Center募款網址：http://www.janic-ngoarena.org		
日本高齡者協會（シルバ人材センター），網址：http://www.zsjc.or.jp/		

資料來源：布施 克彥著（2005）。《57歳のセカンドハローワーク》。日本東京都千代田區：中経出版。

【問題與討論】

一、請說明生活經營的具體模式。

二、創業與轉行所需注意事項為何？

三、何謂退休者的新人生價值？

四、請闡述義工的積極意義。

第四章

學習與運動休閒

學習重點

■學習是運動休閒的先導

■學習的目標

■寓運動休閒於學習之中

退休後的生活計劃中，最重要的項目應該就是「學習與運動休閒」。把「學習」放在「運動休閒」之前，是想強調退休後學習的重要性。求學時代，父母和老師常對我們說，唸書時要專心唸書，遊戲時也要盡情遊戲，才能兩者兼顧。等到長大成人，進入社會工作，大家也是儘量以此理念來面對生活和工作。可是對退休的人來說，建議可以改變一下想法，就是「寓運動休閒於學習之中」，在運動休閒中獲得新知識不是在唱高調理論，而確實是可以輕鬆做到的。原因是在沒有沉重負擔的情況下，可以放鬆心情，此時有利於學習的效果，同時又可以獲得兩個益處：一是能交到志同道合的朋友增廣見聞；二是可藉由吸收新知來增強自己的信心；不但不會與社會前進的腳步脫節，還能跟上時代變化的腳步，甚至還會有重新就職的機會，這不僅對退休的人有幫助，對年輕的朋友們也同樣有助益。

據說，某個國家的白領階級，他們一生大部分的時間，都停留在三個地方，那就是家庭、工作崗位和研究室。其實，現代社會各個角落的人們，又何嘗不是如此呢？還好，現代人儘管足不出戶，仍然可以透過電腦網路或是電視報紙等媒體，就能得知天下大事，因此也產生了所謂「宅男」、「宅女」的說法，現代人的生活條件真的很幸福，但是像這種終年不出門就能知天下事而離群獨居的生活方式，終究是不太健康的，容易造成一些副作用，如自閉、自卑等現象。儘管已經退休，也不需擔憂生活的人，也不宜如此。在日本的社會裡，這種現象特別明顯，尤其是

大城市，如東京（淺草、巣鴨幾個東京北方較特殊的區域以外）其他地區，很少看到中年以上的人在街上走動。也許是生活的經濟條件不寬裕，或是孩子已自立門戶，也有可能是工業社會的發展下相對帶來的疏離感，造成了一群孤獨的高齡者。從他們「若有所思」的表情，或多或少可以感覺到他們的孤單心情。

退休的朋友要避免自己將來會走進入孤獨族群的命運。無論是否經濟寬裕或是子孫滿堂，或正在享受寓公及天倫之樂的生活，都應該提振精神，走出大門，運用終身學習及運動休閒生活，來維繫我們的精神不老與身體的青春健康。

有一位已經將近九十高齡的祖母，從前她曾是一位非常堅強、善良和樂觀的人，可是最近她開始有了變化。變得容易厭世，也對周遭的人事漠不關心，開始會計較一些雞毛蒜皮的事。子孫都很孝順，她卻失去了快樂的心境，大家當然明白她之所以變成如此，原因就是身體的不適和精神上的孤寂。其實她的身體還算硬朗，又有完善的醫療照顧。孩子們勸她不要老懷念著過去，也不要老想著明天將會如何，只要今天能過得快樂就好。多想想別人，就會知足常樂與世無爭了。祖母拗不過孩子，只好點頭稱是。但是隔了些日子，她還是悶悶不樂。她的兒女想不懂，這是怎麼回事呢？祖母以前走過大江南北，也有豐富的工作經歷。剛退休的時候，一切也都正常在家裡幫忙帶孫子，雖然累可是心情仍是很好。因為孫子漸漸長大，日子開始悠閒了以後，她才逐漸開始產生變化。

兒女們想了又想，老祖母當了一輩子的公務員，每天定時上下班，一早起床又買菜做飯照顧小孩，一直都過著規律的日子。根本沒有真正屬於自己的生活時間和休閒興趣。老伴在的時候，還沒發現什麼異樣，老伴走了以後，原來沒有的高血壓和高血糖症狀卻也跟著來了，當時的病況並不嚴重，還能用藥物把症狀控制好。最後才發現，祖母的不愉快主要是出在生活中缺乏樂趣的原因所致，祖母才會開始胡思亂想，於是愈想心就愈煩躁。確定原因後，他們合力為祖母安排了一個安全又方便的單人房，房間裡的牆上加掛很多畫報，也為祖母安排了一份工作，就是去照顧陽台上的盆栽，每天一定要澆一次水。更重要的是，孩子們知道祖母年輕的時候也是見過世面的讀書人，只是因為連年的戰亂，加上婚後為了家庭奉獻了一切，所以一直沒有一個自由的空間，去做她真正想做的事。於是他們就時常邀約比祖母年輕的老朋友和同年代的鄰居們來家裡喝茶聊天。談談家務事也談天下事，簡直像個小型談話兼學習俱樂部。不久，他們發現祖母可愛的笑容終於回來了，甚至有時候在批評政治時事的時候，還有「慷慨激昂」的熱情，風采依舊不減當年。

這是一個真實的故事，只是主角已近暮年。對於將要退休、剛退休或是退休已過數年的朋友，情況雖有些不同，但是只要您願意學習新知，永遠都不嫌晚。

第一節　學習：增強自信

學習在人生的過程裡如果沒有間斷的話，應該可以分為好幾個不同的學習階段和類別。一般來說，從小學至大學，是一段連續的正規教育；其後就是在職或是重新就職的進修推廣教育。另外一個則是常常被大家談論的「終身學習」。前面兩者對當事人來說，都有一定程度的壓力，可是終身學習卻可以既輕鬆又有趣。在日本，它是專門為已退休又沒有經濟負擔的人，量身打造的一種學習制度。實際上，也有很多在職或是即將退休的人來參加。因為學習中多帶著樂趣，對象明確特定也沒有強制性，所以非常受人歡迎。甚至有的學習課程慢慢發展成再就職或轉行的另類教育。

終身學習教育，基本上不以輔導就業為目的，過去也不太普遍。有特殊興趣的人，或是想要學習某種技能的話，一般最耳熟能詳的地方如職業技能訓練所、民辦的研習活動或補習班等機關單位。現在除了一般的縣市政府、社會福祉單位、學術研究團體及圖書館所辦的學習活動外，最普遍的就屬大學了。在日本，大學當然是以大學院生及碩士、博士生為主要教育對象，日本文部科學省（相當於臺灣教育部）也要求大學教授除了大學課業外，也應盡到學術研究及社會教育的責任，不過大部分的大學都是將重點放在校內的教務和學術研究上面。直到2007年開始，日本少子化問題已嚴重影響到各大學學生人數的大幅減少。於是很多大學就開始重新檢討各科系所教學課程的實用性，並開始強化所謂「社會教育」的新學習模式，以期確保固定的學生人數，維持學校的基本經營成本。在經過一連串的改革和試辦以後，如今已受到社會大眾的肯定，並獲得了相當高的評價。這對有志於終身學習的人來說，確實是一大福音。日本大學所辦的這類社會教育，基本上是以終身學習的延伸為主，並不以就業技能培養為目的。但是，對日本已退休的人們來說，經過一段時間的休息後，有很多人無法習慣平淡無味的居家生活，多數都熱切期待再度投身社會尋求就職機會。而且離開工作愈久，就愈沒有信心回到工作崗位。他們開始前往大學所辦的進修課程，學習充電，然後再度回到職場。這種例子很多，而且大多是女性。不過最近，情況有些變化，想要重新學習也希望再回到職場工作的男性比率，有逐漸上升的現象。當然這些人大多數都是中高齡的朋友，有已經退休的人，也有即將退休的人，甚至還有年輕人。另一方面，一般企業也很喜歡僱用這類的求職者。因為他們原本已具有相當的技能與經驗，退休後又經過充電進修，能力會更紮實。無論是專職或是兼職，都能為公司帶來效益，甚至有的時候公司所付的報酬還會比正式員工高。（如**表**4-1）

美國的情況和日本非常類似，甚至做得更好。每個城市會有不同的單位定時舉辦各種學習活動，其中各個大學更是挑起了社會教育的責任。尤其在兒童的課後輔導、成年技能學習、中高齡者運動與健康學習，還有新移民的英語教育方面，都下了很大的

表4-1　日本主要社會教育模式

主辦單位	名稱	內容
區市縣	生涯學習講座	各類技能及趣味講座
公立圖書館	文化講座	國內及國際文化交流
學術單位（學會）	專門講座	專門領域（含醫學）
工商團體	管理、經營及創業講座	以中小企業為主
社福團體	退休及高齡者照護	含兒童教育
大學（推廣教育部）	公開講座	各領域（含國際問題）
	市民講座	各領域
	外訓講座	應地方政府請求
	Open College	在校內的定期講座
	社會人教育	學分制及文憑制
各類演講	專題講座	由政府及民間舉辦

資料來源：筆者整理。

功夫。而且多半會配合社會福祉政策，大部分學習課程都是免費或是只要繳交少許的費用。那些從事社會教育的老師或是指導員們，大部分是義工。當然，像這樣的義工們也絕大多數是退休的人。美國社會對已退休的人，都會鼓勵他們積極參加義工服務或是舉辦一些非營利的活動，實際參與者也非常熱烈回應。各地區的負責單位也都非常歡迎大家能參加服務活動。（如**圖4-1**）

當然，因為特殊原因不方便外出的人，也可以選擇自己在家學習的方式。尤其現在電腦網路及手機非常普遍，待在家裡也能知天下事。住在城市的人更是便利，很容易獲得各類的資訊，而且書店很多，選擇性也較多元。透過自修、自習，也同樣可以獲得許多新知，達到進修與終身學習的效果。

Walnut Senior Center

21215 La Puente Rd.
Walnut, CA 91789
(909) 598-6200
www.ci.walnut.ca.us

Hours of Operation:
Monday – Friday
8:00 am to 4:30 pm

Schedule of Classes: July - August 2011

(Subject to change, holidays and other closures)

Monday

8:00 am Aerobics (AR)
9:00 am Aerobics (AR)
10:00 am English Discussion Group (L)
10:15 am Stretch & Balance (AR)
11:30 am Lunch Program (AR)
3:30 pm Yoga w/Maya Devi (CRII)

Tuesday

8:30 am Yoga (AR)
11:30 am Lunch Program (AR)
12:00 pm Oil Painting (AC)
1:00 pm Bridge (CRII)
2:00 pm Tai Chi (AR)

Wednesday

8:00 am Aerobics (AR)
9:00 am Aerobics (AR)
10:00 am English Discussion Group (L)
10:00 am Yoga w/ Maya Devi (CRII)
11:30 am Lunch Program (AR)
1:00 pm Bingo (*Conducted by Senior Club*) (AR)

Thursday

9:00 am Senior Club/Bingo (AR)
11:30 am Lunch Program (AR)
12:00 pm Origami Creations (CRII)
1:00 pm Home Gardening (AC)
2:30 pm Instructional Massage (AR)

Friday

8:00 am Aerobics (AR)
8:00 am Mah Jong (CRII)
9:00 am Aerobics (AR)
9:00 am Grief Support Group (1 Friday of the month)(C)
10:15 am Stretch & Balance (AR)
1:00 pm Jewelry Making (AC)

Senior Center Events:

Independence Day Luncheon
Date: Friday, July 1 **Time:** 11:30am – 1:00pm
Cost: **$2** per person

Bella Notte Dinner & Dance
Date: Friday, Aug 12 **Time:** 6:00pm – 9:00pm
Cost: **$15** per person/**$12** Senior Club Member

Senior Center will be closed:

Independence Day
Monday July 4, 2011

No further scheduled closure dates through August 2011.

Calendar Key

AC……Arts & Crafts Room
AR……Assembly Room
C………Conference Room
CL……Computer Lab
CRII……Club Room II
L………Library

圖4-1　美國社會教育參考例

資料來源：City of Walnut Senior Center In-Home Care: Senior Center. http://www.ourparents.com/california/walnut/city_of_walnut_senior_center, 2010/07/09.

第二節　運動休閒：尋找生活樂趣

毋庸置疑，運動休閒生活對任何年齡層的人來說，都是非常重要的。特別是在今日如此忙碌的工商社會裡，休閒生活就猶如潤滑劑一般，它可以減輕精神和體力的負擔，進而恢復動力，重新出發。退休的朋友在時間利用上比較自由，辛苦了一輩子，更應該珍惜這段寶貴的時光，好好地安排利用。一個進步的社會對退休人員或是高齡者大多有著某種程度的優待及照顧。只要我們稍微留意一下，隨處都可以找到這些提供我們活動的資訊。這代表社會整體對長年貢獻的人們的感謝，也是大家互助和相惜的一種表現。

退休的人們及高齡者要如何去選擇運動休閒活動，必須考慮到自己的興趣和健康情況，還有經濟能力。結合以前的經驗或是大膽的去嘗試一個完全沒有接觸過的興趣，都是種很好的選擇。有一句話：「抱著好奇心的人，永遠青春快樂。」想想看，這是有道理的。以輕鬆的心情參與一項或多項運動休閒，從中尋找樂趣，有益身心，又可以結識很多朋友，甚至還可以發現另一片天地（如工作機會等），真是一舉多得。

運動休閒活動的種類繁多，隨著社會的多元化，可說是應有盡有；有一般性的，也有比較專業的；有靜態的，也有動態的；可以完全依您的志趣來做選擇。不過，筆者建議，靜態與動態的活動，至少各取其一項會比較均衡也較理想。靜態的活動適合修

心養性，動態的活動則可以活絡筋骨，延年益壽。同時這些活動項目裡面也包括了中高齡的朋友最需要的運動和健康飲食等項目。而且也很適合夫妻或全家一起參加，必定另有一番趣味。

目前，除了公家機關或是社福團體所辦的活動之外，甚至有很多熱心的民間團體也常舉辦各類活動。有很多都採用會員制，需要繳交會費，一旦成為會員以後，可以利用他們的各項設施或運動休閒旅館，也是一種不錯的方法，譬如在美國有野外生活同好者所舉辦的野外生活營，可以自由報名參加，一同至某森林共同生活一個月或更長的時間，學習並體驗野外生活的技能。男女老幼都可一起參加。也有報名並經審核通過後，可成為志願的森林或環保巡守員的工作機會。此外，還有一些完善且財力雄厚的健保團體，不但提供在職者的各項福利，即使退休以後，也可以繼續享受福利。透過查詢網路上相關的訊息，可以發現更多可行的機會。

以下想介紹一些適合中高齡朋友參加的學習項目與運動休閒活動，包括自然、文化、健康運動、嗜好、創作、交流活動、養性、義工，以及與就業相關的活動，可供讀者參考。

■盆栽

應該可以將盆栽視為一種藝術的表現。調整枝葉和樹幹的平衡點後，種入經過精挑細選的盆缽，就可以完成一件具有生命的藝術品。對待盆栽就像照顧孩童一樣，需要耐心和愛心。例如

每天需要澆水、要剪去枯葉，還有定期的施肥。這個生命體和動物一樣是有感覺的，它會給您回報，時時讓您感動不已。每年各地都有盆栽的展覽，有的也會舉辦園藝實習。初學的人從比較容易的下手，如菊花就是一個頗受大眾喜愛的花卉，不需要太大的功夫，學會插枝就可以種活。在日本看到有的愛好者，細心培植牡丹和松樹的盆栽，每一個作品都顯露出主人的個性和無聲的話語，讓觀賞的人，駐足凝視，玩味不已。

■攝影

攝影可以留下家族、朋友和旅行的一切記憶。現在的數位照相機或是手機，都有很好的功能，而且使用方法簡單，可以根據您的需求和興趣，發揮最大的效能。數位相機的特徵是能夠配合電腦使用，而且畫面或影像鮮明。不但可以將攝影成果編輯在自己的部落格裡，還可以建立一個屬於自己的專屬網頁，永久保存，再和朋友一起分享，不失為一個既省錢又有樂趣的事情。其實早在很久之前，就經常看到許多貌似退休的銀髮族，背著相機在街頭尋找拍攝目標。我們也發現到，他們獵取的目標大多數都是花草或是昆蟲。較有經驗與心得的人會經常參加一些攝影展，或是舉辦個人展，有的人甚至還超越職業攝影師的水準。在日本，數位機種的功能已經相當純熟，就連電視機自2009年起就開始全國分區，逐步換裝成數位電視規格，看來這數位化潮流已經是不可避免的了。

曾經有一個想法。現代人出外旅遊很方便，親朋好友在走遍千山萬水以後，將所有相片整理出來後，定期和朋友聚會共享，也是一個很好的交流和運動休閒的活動。過去很流行的幻燈片，至今仍有許多愛好者。筆者有一位商船的船長好友，他已環繞過世界好幾圈了，跑過無數個城市，擁有上千張自己拍攝的幻燈片，包括各地的美景及風土人情。這位老船長經常相約朋友到家裡，一起欣賞這些照片，這是他最得意的時刻，從他的臉上看不出任何的風霜，只有充滿自信的喜悅。老船長說：「等我老了，我能給孩子留下的財產，就只有這些幻燈片和古董照相機了。因為我的錢也幾乎都用得差不多了。」好一個瀟灑的老船長！

■寫作

退休的朋友一定有著很多的人生經驗和感觸吧！不方便說或是說不出來，試試看用寫的。寫出來，並不表示一定要公開，當作傳家之寶也可以。其實可以寫的東西很多，譬如說關於自己的故鄉，您真正又知道多少？離鄉背井，到他鄉奮鬥，不知道的事情必定會愈來愈多。因為您的言行舉止和文化背景，仍然很難擺脫家鄉對您的影響，特別是對家鄉的那份情感。年長以後，回到自己的家鄉尋根，試著去瞭解家鄉的風土人情和自己的祖先，然後把它記錄下來，是一件很有意義的事。

家譜可以寫、自傳可以寫、詩歌故事可以寫、世間種種報導都可以寫。古代的讀書人說了一句話：「風聲雨聲讀書聲，聲聲

入耳。國事家事天下事，事事關心。」只是單純的關心，仍然是不夠的，就把它寫下來，說不定還會引起許多的共鳴呢。

寫作是創作，也是對經歷過的人、事、物的一種紀錄，可以讓您留下回憶，也是可以讓您榮耀於子孫的傳家之寶，更是舒解憂鬱的好方式。不需要風采的文筆，真實的記載，才是最可貴的。

■麻將

據說麻將的起源最早可追溯到宋朝，也有一個說法是起源於清朝末年太平天國的軍營，當時還只是紙牌，現在已經進化得非常精美了，就宛如藝術品一般。麻將雖是一種賭博的工具，可是當作正面的娛樂時，藉由手指的活動和頭腦的思考，可以促進腦部活性化，而且又可以成為另一個社交的場所。麻將在日本明治末期從中國傳入日本，他們以訛傳訛將麻將寫成「麻雀」，但是發音仍唸「麻將」。

過去，東京的大街小巷常常可看到「麻雀莊」的看板，即是中文「麻將館」的意思，最近比較少見，日本有些大學甚至還有麻將俱樂部，只要不是賭博，是被允許的。日本人所以喜愛麻將，據說除了可以健腦及社交以外，還可以訓練人的組織能力。最近幾年日本的女性也開始喜歡麻將，而且多是年輕女性。

另外，電腦和遊戲機也可以玩麻將，一個人也可以玩，真是日新月異。要怎麼看待麻將，當然因人而異，如果適當地活用，

取其長處棄其短處，相信還是非常有助益的。

■學做烹飪

「民以食為天」，也有人說若不能玩得好，不能做得好，可不能不吃得好。會做幾樣好菜的人，無論走到哪裡，似乎都是非常受歡迎的。常常在外面用餐，不但不經濟，而且千篇一律，安全衛生的顧慮又很多，不如自己學著做料理，做給自己吃，做給家人吃，也可以做給朋友吃，夫妻倆可以相互切磋琢磨。如此一來，不但可以增進夫妻情感，又可以讓您的好友品嚐您的手藝，交換意見，滿足而歸，可說是皆大歡喜。

隨著時代的進步，到處都有所謂「料理教室」教學，除此之外還可以買書或在網路上學做菜，或是自行研發。最近很流行用自己菜園栽培的食材，做獨特的家鄉菜或家庭料理，還有一些常到國外旅行的人，也能學著做出許多創意的多國籍菜餚，烹飪的世界真的非常有趣，又是那麼誘人，有心的朋友值得去挑戰看看。

不過，中高齡朋友們的飲食則需要特別留意一下，例如注意「三低」低鹽、低糖、低油脂原則，可以加上自己的創意，研究出新類型的健康料理，除了讓自己健康之外也可幫助他人的健康，可說是一舉數得。

■調製雞尾酒

據說雞尾酒的起源，最早是將蜂蜜或是果汁加入啤酒、紅酒和白酒之中，使得酒類喝起來有些甜味而開始發展起來的。現在的雞尾酒則大多是以琴酒、伏特加、白蘭地和Lime作為基底，再調製出創意來的，種類繁多已自成一個多采的世界了。在Standard Cocktail的背後，都有著許多的精采故事，這些故事也跟著帶動各種雞尾酒的成名。

許多年輕人投入這個世界，一邊擺動各種不同的姿勢，一邊搖晃著調酒的酒器，吸引著許多愛好雞尾酒的人的目光，使人陶醉其夢想世界中。在世界各地也經常有舉辦業餘的雞尾酒調製大賽，可以看到許多銀髮族參加，得到大獎的人不在少數。世界許多產酒聖地（如美國北加州Napa Valley和Sonoma County 常可以看到許多東方遊客）的酒廠還提供廉價品酒會，也可報名參加鑑定師的訓練，「沉迷」在這個世界的大有人在。

自製果實酒也是一項適合休閒愛好的工作。一般講到果實酒，最普遍的就是梅子酒，還有大家所喜愛的荔枝酒、杏露酒、李子酒，另外柿子、蘋果、橘子、草莓類、柚子，甚至香蕉也都可以做酒；這些酒都各自擁有各種不同的藥效，如柿子酒有豐富的維他命C、中國的花梨酒可以治咳嗽、草莓酒可以補血、恢復疲勞並增進食慾。您可以嘗試創造出自己的秘方，一定也可以釀造出世界最好的果實酒來。

■採集昆蟲標本

捕捉昆蟲對許多人來說並不陌生，而且還是一個童年的快樂回憶，數十年後試試看再拾起那段回憶，重溫舊夢一定別有一番滋味吧。只是隨著市區的開發和環境的破壞，在都市已經不太可能找到昆蟲，那麼就去郊區或是鄉村小鎮找找吧！在日本有些城市致力環保，居然能使螢火蟲回到市區的住家庭園，讓住在都市裡的人興奮不已。環保的成功，若能使兒時記憶中的蜻蜓和蝴蝶也能成為家中庭院的訪客的話，那該是一件多麼美好的事。

採集昆蟲的工具，大家都知道需要捕蟲網、三角紙和三角盒，另外還需要可容納較大昆蟲的特殊工具等。再學學製作昆蟲標本的技能，例如有乾燥標本、浸泡在液體的標本和樹脂標本。這些所需工具在專門店就可以買到。

筆者有一位日籍好友田中先生，他的專長是生物學，興趣就是採集昆蟲和製作標本。他的妻子是他的學妹，興趣是研究猴類生活形態和同時也喜好潛水。由於田中先生的父親曾被派任臺灣工作的關係，他在年輕時就愛上了臺灣，每年都會到臺灣好幾次，目的就是為了採集昆蟲。他的工作和昆蟲無關，可是他卻走遍了臺灣的山林綠水，他將採集到的昆蟲製成標本後，送給家鄉的自然博物館供民眾參觀。這就是他的樂趣所在，他說：「退休以後，一定會繼續這個愛好，直到老死。」有趣的是他們夫妻倆，對動物的感情也和我們一般人不同，譬如提到毒蛇，一般人都會覺得厭惡或恐懼，可是他們卻沒有這樣的感覺，因為他們把

毒蛇看成是自然界裡所有動物中的一份子，沒有分別心。這也是他這麼喜愛採集昆蟲的一個原因吧。

■自家菜園

有庭院的家庭，大概多少都有過自己栽種蔬菜的經驗，而且還會津津樂道豐收的喜悅。在美國許多的社區，都有所謂"Farmer Market"，這裡所販賣的蔬果並非來自專業農場，而是來自自家菜園，或是大家共同以低價向政府租用的農地所產。賣出後的獲利雖然很低，大家還是樂此不疲，為的就是那一種享受田園生活的樂趣。從撒種、除草、施肥、澆水到收成，可以親身感受到「汗滴禾下土」的辛勞，接著就等待收穫的喜悅，是薪水生活之外的另一種人生體驗。退休的朋友擁有更充分的時間去照顧這些蔬果，同時又可以陶冶性情，何樂而不為。

所需工具並不多，沒有庭院的話，也可以試著採用盆栽或是水耕的方式，甚至還可以研究栽種有機蔬果，美味又健康。在家庭用品與園藝專業店裡，可以找到適合的工具，功能類型應有盡有，也有說明與教學，依喜好挑選，其樂無窮！

■熱帶魚

飼養熱帶魚這也是大家很熟悉的一項愛好。相信大部分的人都會被七彩繽紛的熱帶魚吸引，駐足在魚缸前觀賞魚兒們可愛的姿態，久久不能離開。清涼的水波、綠色的水草和優游自在的魚兒，是否會讓您疲憊的身心得到一絲輕鬆的感覺呢。

養魚需要一些專業知識，淡水魚、海水魚、大小、魚種等等各有不同。一般說來，金魚比較容易被飼養，價格也稍微便宜些，最適合初學的人。魚缸愈大，金魚長得也就愈大。當然魚缸裡少不了水草、濾水器和小石頭。至於熱帶魚，則需注意水溫，魚缸裡需要有溫度調節器。

如果自家庭院可以設計個小魚池的話，可以養的魚就更多了，魚池也要經常清洗。錦鯉魚是一個好的選擇，色彩鮮豔可以增添庭院的情趣。

■傳承：智慧、技能和文化

從各行各業退休的朋友，分別都擁有各自不同領域的知識和技能。這些寶貴的知識或技能，如果隨著退休走入歷史而被塵封，實在是非常可惜，對社會來說也是一大損失。如何把這些有用的智慧財產，傳承給年輕的下一代，是件非常值得去做的事。

除了這些智慧的傳承外，也有文化的傳承。譬如每個地方的傳統藝術和民俗習慣，或是特殊的手工藝術，都需要有人去傳播、保存、繼承和指導學習。這些地方的文化，都是這些地方引以為傲的人地事物及生活特色，生長或出身在當地的人們，應該不分男女老幼，都應積極地加入這個傳承的行列。

退休的朋友們，更應該挺身而出回饋鄉里，如此不但可以促進地方的活性化，也可以帶動下一代的愛鄉之情，更可以帶動地

方觀光事業的發展。

■游泳

據醫學研究報告說，游泳是最好的運動。它與其他運動最大的不同，就是處在一個幾乎沒有重力的情況下，保持水平姿勢，而且身體大部分不與物體接觸，因此關節的負擔減至最輕，全身肌肉都可以活動到。

游泳主要分為蛙式、自由式、蝶式和仰泳四種。如果這四種都會的話，人類身體所具有的運動機能，就能全部發揮；並且還能促進血液循環，加速新陳代謝。

初學的人，可以到各個公私立游泳池，或是運動俱樂部。參加游泳運動的同時，也可以認識一些新的朋友，真是一舉兩得。

■慢跑

慢跑對身體的益處是毋庸置疑的。如果您的體檢結果發現中性脂肪和膽固醇都高的話，醫生的第一句話，一定是要您注意飲食，之後就是要求多走路或是慢跑。慢跑可以同時增強體力，強化心肺功能。日本一位訓練過無數長跑選手的教練小出義雄說過一句話：「ランニングに体力はいらない。運動神経なんてまったくいらない。」意思是說，慢跑不需要體力，連運動神經都不需要。

我們知道，近距離衝刺或是長距離跑步都有壓力，也需耐

力。可是像是早晨在公園或是寧靜的市街慢跑半個小時到一個鐘頭，應該是可以輕易實踐的。如果慢跑仍然很吃力，就改成用快走如何？醫學研究報告說，人們每天至少需要運動半個小時，走五千步以上。

筆者身邊就有因為慢跑及散步而結識了許多朋友的例子。後來，他們還結合成一個運動團體，活躍在晨間的公園裡。臺灣早晨的公園，真的是活力十足！靜坐的、打拳的、慢跑的、散步的、又蹦又跳又唱的，讓您覺得這個世界多麼美妙！

■打保齡球

一聲清脆的撞擊聲，"Strike" 讓您身體累積的壓力煙消雲散，趣味無窮。在許多地方，打保齡球是一個典型的家庭聚會型運動休閒。舉辦保齡球比賽的活動很多，有兒童、青少年，甚至也有八十高齡的人參加，日本曾經還有一位八十二歲的祖母得到了第二名。

曾有醫學報導說，打完三局保齡球，可以消耗數百卡路里的熱量。利用球的重量，加上巧妙的擲球動作，當然可以達到適度運動的目的。另外在日本的公園或是田野間或是河岸邊的綠地，也經常可以看到類似撞球的打小型球遊戲，叫做「槌球」。是利用一個像木槌的東西，將一個有如大橘子般的木球打進一個指定的區域，也可以藉由撞擊其他的球，迂迴前進。球場沒有網子，也沒有水泥地，就是在草地上圍上繩子，或者根本就沒有繩子的一個天然球場。

參與戲球的人大部分都是高齡的朋友，一邊嬉鬧說笑，一邊槌球，宛如一個小型俱樂部，很值得推廣。

■桌球（乒乓球）

這是一個家喻戶曉的好運動。有些家裡空間比較寬敞，有可折疊式的桌球桌，可以一對一單打或是二對二雙打，都是一個安全適中的運動。一般公共設施也有提供民眾使用的桌球設備，不妨可以善加利用。

據說桌球起源於英國，那些貴族們在下雨天無法到戶外活動，便將喝完的香檳酒瓶口的軟木塞磨成圓球形，在餐桌上對打，然後慢慢演變成現在的乒乓球。中國大陸和日本都曾經風靡過一段時間，現在的實力都還很好。

球小又輕又靈活，很不容易操控。儘管人高馬大或是身手矯健，也不見得可以打得好。在比賽中，常有年輕的輸給年紀大的情形。桌球的確是個老少咸宜充滿樂趣的運動。

■少林寺功夫

提起少林寺，可說無人不知，無人不曉。就連外國人，不管是歐、美人士或是亞洲的日本人、韓國人，也都會豎起大拇指。少林寺位在河南嵩山，傳說達摩祖師曾在這裡面壁七年。少林寺拳法本身沒有攻擊的招式，它的特徵是採取防禦的技巧來抵擋對

方的攻擊。練得好的話，即使身體不如對手強壯，也能在各種情況下保護自己的安全。

少林寺雖早已馳名海內外，可是少林拳法一直到二戰後，才東傳至日本，現在日本有很多的大學都有少林寺功夫社團。在美國的華人社團裡，也有許多教授學生少林功夫的老師不乏是西方人士。可惜的是所教導者常與真正的少林功夫相距甚遠，只能說不是「真傳」。真正的少林防禦攻擊法，沒有一定的模式和固定的攻擊部位（這點和日本的武道不同），而是以佛教精神為出發點的防身術，並不是以打倒對方為目的（這點又和合氣道類似）。建議中年以上的朋友，如果沒有底子，就不要勉為其難的去學那些較為吃力的動作，把基本架勢融會貫通就好。此外，內丹功裡面還有八段錦、太極拳等，都很適合保健防身，可以選擇一樣，不間斷地學習就能心領神會。

■氣功

氣功是起源於中國古代神話的一種維護健康的功夫。它披著一層神秘的面紗，但卻不是迷信，也不是宗教。「氣」就好像是物理學上所講的一種Energy，但是它到底是什麼到現在還是不清楚。所謂不需用手碰觸，就能移動人體或是物體，應該只是氣功神秘的一小部分，傳說或廣告中的超能力，應該是誇大其辭。

但是它的確對預防中風的發生、控制高血壓及防止老化有極大的功效。此外，聽說對胃潰瘍、糖尿、腫瘤及舒壓也有功效，

這方面筆者則持保留的態度。總之，把它當作一種健身運動來做就可以了。

■太極拳

臺灣和中國大陸的清晨，公園裡到處可以看到打太極拳的人們。在夏威夷歐胡島的海灘，筆者曾經看到一個團體，排列整齊地面向朝陽打太極拳。他們的動作和步調一致，真是美極了。

太極拳是最受華人喜好的武術，在海外也有很多的愛好者。它是透過一種柔和的圓形運動，將人類的「氣」表現出來。看起來很有韻律，也很溫和，但是實際去體驗的話，可不是那麼輕鬆。是健身內丹功的一種，也是防身武術的一種。第一步是要從呼吸法開始練起。太極拳的教材在書店可以很容易買到，外面也有太極拳協會和教太極拳的社團，甚至看書自學也可以，是最適合中高齡朋友的一項健身運動。

■學禪

這是另外一個世界，中國的禪學是集儒、釋、道三家之大成，而所謂的「坐禪」是指以坐姿的方法修禪，但是修行者的坐禪可不是那麼簡單的事。

日本的禪寺，經常舉辦坐禪會，參加的人也非常多。有些坐禪式是為了身心受創的人單獨舉辦的，也有專為兒童舉辦的坐禪夏令營。當然您也可以自己自行坐禪。主要就是藉由坐禪，達到

靜心開悟的目的。坐禪的要領是不能有雜念，心要靜，姿勢要正確。

在中國，禪的境界是很深奧的，有心的朋友，可以到禪寺跟著大師虛心的學習或是修行。街坊也有很多這方面的書籍，在決心修禪之前，可以先從書裡瞭解「禪」的意義會比較容易入門。

■尋訪古蹟，造訪舊時街道

顧名思義，倘佯於秀麗山水間，發思古之幽情，是多麼羅曼蒂克的事情。臺灣電視媒體早在八〇年代起就開始製作，一些介紹地方風土與文化習俗的節目了。譬如最早的「八千里路」，其後的「大陸尋奇」，還有現在的「臺灣腳逛大陸」和專門介紹臺灣本島風光人情的「臺灣1001個故事」等許多節目，內容也都非常精彩。

大約九〇年代，日本也很流行一種叫做「小旅行」的旅行，大部分都是坐火車的「鐵道旅行」。一個人或是三兩好友，探訪溫泉勝地和各地美食，訪者多會沿途錄影或做筆記，將來可以留作紀念或分享他人。

坐火車旅行，而且還刻意坐慢車，一站一站的深度探訪，真的很詩情畫意。這種運動休閒方式，有純粹以旅遊為目的，也有以文化專訪為目的，無論您選擇哪一樣，都是退休朋友的幸運專利。

■書法

記得小的時候，學校會教「習字」，午休時間也要練習毛筆字。曾幾何時，現今的社會已很少聽到人們談論寫書法了。是時代的進步讓人們遺忘了傳統文化，還是根本無暇顧及，總之令人覺得可惜。

大家都知道，書法的主要目的是練習寫字，還可以端正的坐姿，加上磨墨時所散發出的香氣，洗滌雜念，暫時忘卻世俗的煩憂，達到修心的目的。楷書、行書及草書自成一格，各有不同的超美境界。有意練習書法的人（大多數是孩子）大半都是花錢去書法教室學習。筆者在日本的書法家友人們說「書道」在日本逐漸沒落，書法老師的工作已無法賴以為生。但是仍有許多團體，特意舉辦小學生書法比賽，並將優秀作品公佈在車站或是公共場合供人參觀，其中還有一些中國大陸學生的作品。

書法源自中國，日本人推崇備至，將之與唐詩朗誦並列為培養高尚氣質的兩大要素。雖然他們將漢字和仮名融合，創出了日本式的「書道」，但每年仍然有許多書法團體到臺灣參訪故宮博物院，因為他們仍推崇中國書法深不可測的境界和美感，而將參訪視為一種進修的必修課程。我們應該將我們的國寶文化繼續發揚光大，更應該普及書法文化，不能讓書法的美只是美術館裡的展覽品，讓人人都可以擁有屬於自己風格的作品。

■樂器

「獨樂樂不如眾樂樂」，幾個好友各自彈奏自己上手的樂器，每個月或定期聚會練習合奏，也可以舉辦音樂發表會，是件令人羨慕的才華呢。不管是以文會友，或是以樂會友，都是值得推廣的。您一定也會鍾情於某種樂器，或者早已經有彈奏多種樂器的本事了，那麼就請您繼續享受您的樂趣。坊間也有很多音樂教室，前往瞭解一下可以意外的蒐集到許多新的資訊。

日本東京街頭有時可以聽到熱情洋溢的南美洲秘魯樂器的演奏聲，即使再忙也常常令人衝動地想上前去看個究竟；這些街頭樂團大概有五或六位成員，穿著秘魯民族服裝的秘魯人，很熱情地演奏著他們家鄉的音樂。令人頓時忘了生活緊張的壓力，心情突然變得輕鬆了起來。

雖然並沒有購買他們所賣的CD，卻很感激他們，在這繁忙的都會裡，能享受這突如其來的世外桃源樂曲。當然，世界各大城市都可以常常看到同樣的光景，這個世界還真少不了他們呢。退休的朋友，您是否也可以藉由樂器，抒發您心裡的壓抑或是期待幸福的感覺呢？試試看吧！

■旅遊、收集和創作

筆者有一位朋友，她在日本東京新宿的文化服裝學院唸書的時候，就利用休假時打工並存下一些錢，每年都計劃到中亞旅行一次。每次回國，都帶回來她在當地收集到的民族服飾和工藝

品。她把這些東西陳列在她的工作室裡，潛心觀賞和研究，最後設計出帶有中亞風格的精品。其後在涉谷開了一家店，主要的商品是服裝、季節賀卡和女性的首飾，雖然沒有很大的獲利，但她喜歡這樣的生活，而且也會一直堅持下去。

其實在旅遊中，常常會發現很多新鮮的人、地、事物（那些我們以往不知道或是未曾注意的事物），因而受到啟發，有時候也會湧現出許多靈感。如果能經過您的巧思，轉換成一件作品或是一個新的計劃，或是對現有工作的正面影響。可以買到這樣的無形財產，所花的費用是非常值得的。

旅遊是一種娛樂消遣，也是一種靈感的啟發，更是一種機會的發掘，不要小看旅遊的影響力。您若能夠在這些旅程的收獲中體會出不一樣的靈感時，那就是您有了與眾不同的Idea。匯集這些Ideas，有朝一日您或許也能創作出一個非常傑出的作品也說不定呢。

■歌唱和舞蹈

想唱歌，不表示一定要去卡拉OK才行，更何況很多家庭也都有家庭式卡拉OK伴唱機，跳舞也是一樣的。兩者都可以調節情緒，釋放身體所承受的壓力，更可以結識很多朋友，是個健康的好活動。

在日本，教導唱歌的社團非常多，這和他們的卡拉OK文化有關。他們的地方傳統祭典中，也會經常見到一些日本的民族舞

蹈或是年輕人自創的日本現代舞。更高層次的還有歌舞伎和能樂等。在美國教導跳舞的團體則比較多，高中的女學生，十之八九都會加入當地的跳舞社，優秀的還會被選為運動比賽的Cheer Girl。若常收看當地電視節目的話就可以瞭解其中的樂趣。

我們想建議的是以休閒為目的的歌唱和舞蹈。選項和機會很多，從傳統到現代西洋到東洋樂曲，譬如國樂、爵士樂和土風舞、社交舞等。可以依自己的興趣結伴參加，這樣才能真正享受到其中的樂趣。許多高齡人士，甚至九十多歲也選擇聚在一起翩翩起舞，可以讓人感受到他們的「青春」活力。

■垂釣

許多人前往釣魚，其實真正目的並不是為了魚，多半是喜歡與大自然的溪流或是海洋共處，享受「天人合一」的幸福感，還有感受魚兒上鉤瞬間的那種緊張的「快感」。

首先要準備的是釣魚的工具和必備的基本知識。釣具店裡各種工具應有盡有，如果先把自己想要釣的魚種告訴店員，就能事半功倍。釣魚的經驗很重要，不過最近出現了一種萬能釣具，可以適用於各種河流、湖泊、溪流和海洋。然而專業的釣家，卻不見得欣賞這種釣具，不過對入門的人來說，確實比較會有成就感。

日本有一些專門報導體育新聞的報紙，如《スポーツ新聞》，都有一個專門報導釣魚訊息的版面，內容包括魚群動態、

海潮變化和各地釣魚快報等。釣魚的樂趣，每個人感受不同，也可學學鮮魚料理的烹飪技巧，讓生活充滿樂趣。

■登山

孔子說「仁者樂山，智者樂水」。這裡講的樂山，是喜歡接近山的意思。剛開始從事登山這項運動的朋友，建議先從較低的山開始練習，可以選擇一天定點來回，而且步行時間較短，選擇自己體力可以適應的路程。最好是結伴登山，彼此有所照應，攜帶的裝備也不像正式登山的那麼多，會比較輕鬆。但是切記，如果以為山不高，就掉以輕心的話，反而容易發生危險。另外，像備用乾糧和水、防寒衣物及照明燈（Head Light）、雨具和手機等也是不可缺少的。深山氣候變幻莫測，早晚溫差很大，不可不慎重。

如果對自己的體力確實有信心的話，可以進一步嘗試距離稍微長一點的遊山，但也不宜勉強。一邊欣賞山林自然的景色，還可以做適度的運動。當然，帽子和鞋子的種類和樣式也要特別選用有機能的才好。這些用品配備，在登山用品店裡一應俱全。

建議參加旅行社所辦的登山團，選擇適合自己的行程。有些登山團還包含民宿和泡溫泉的項目，這些木造的溫泉屋，多留有昔日的風情，供應的菜餚雖然簡單，設備也很樸素，但是人情味十足，趣味無窮。若時間充裕可以多待個幾天，享受與世俗隔離的清閒，沉浸在屬於自己的夢幻時光裡。

■收藏酒類

無論您喝不喝酒，一定也有遇過喜歡收藏不同的酒的人。偶爾與朋友聚會，到洋式酒吧小酌的時候，一進門，映入眼簾的就是那些琳瑯滿目的各種酒。雖然眼花繚亂，但是在好奇心的驅使下，相信仍會想去知道都是一些什麼樣的酒？

酒的學問非常值得研究的，有經典或名牌酒，也有名不見經傳的地方秘酒。收集各種酒類，如金門高粱、大江南北的各種名酒、紅白酒、威士忌或是白蘭地，都是上選。除品嚐之外，欣賞那像藝術品般的酒瓶，也能陶醉於美感氣氛中。

唯有啤酒和一般的清酒不適合收藏。當然，有此項愛好的朋友，可以去聽聽專家們的意見，學習欣賞美酒的竅門，一定會有意想不到的收穫。

■編織和刺繡

也許是天性使然，絕大多數的愛好者都是女性吧。小的時候常常看到母親還有姐姐拿著毛線球和幾根長針，就打起毛衣來。當時覺得真是不可思議。現在已經很少看到那樣的光景了。或許是年輕的女性沒能傳承這個技能，還是沒有寬裕的時間，也或許是在店裡買一件也不貴，又何必大費周章呢。

不過，親自用手編織或者刺繡出來的東西，都會讓人感覺有一種感情在裡面，這也是生活在現代的工業社會裡，人們最匱乏的一面。坊間仍有學習編織或刺繡的地方，學會這項才藝是非常

有意義的。

近幾年，也有一些創意的作品出現。例如將各種用剩的零碎布頭和羽毛，利用編織和粘貼的方法，做成像藝術品的花布。用途很廣，可以當桌布，也可以當窗簾或其他的使用。雖然實用性還有待進一步加強，但卻是一個使廢物再生又結合了創意的好點子。如果能經過改良而適用於普遍性的話，也有可能帶來新的商機。有興趣的朋友，可以研究研究。

■陶藝與雕刻

在臺灣陶藝與雕刻的發展，擁有相當深厚的文化背景，也有優質的技術、人才與環境。退休的朋友們，已經擺脫了工作的煩憂，既能靜心又能專心，不妨試一試。初學者可以從自己想要的日常用品開始做起。是自己親手做出來的，意義不同，這也就是陶藝的魅力所在。日本有一位倡導民藝運動的大師柳宗悅，他主張「用の美」，也就是強調將創作與實用結合的美學。

專家說陶器的作品，可以從燒出來的顏色、紋路及外型，反映出創作人在製造過程中的精神和心理狀態。能夠摒除雜念，全神貫注而成的陶藝，也是個人潛修的精華。有興趣的朋友，不用急著馬上就去學，先多看看別人的作品，試著理解要領，蓄積了靈感以後，再開始就容易上手了。

雕刻也是一樣，每一樣作品都隱含著創作人內心的無盡心思。以木頭、石頭、金屬、粘土和石膏為材料，所雕刻或塑造出來的作品可以放置在客廳、走廊或庭院，那種立體線條美感、表情都隱含著的生命的力量，這也就是美感的來源。有藝術家說，木雕也好石雕也好，它都是有靈魂的，在雕刻的過程裡，可以感受到靈魂的存在。您也可以把您的創作靈感，將您的夢想變成有形的真實。

■學做點心、麵包

這是一個令人躍躍欲試的事。可以作為休閒娛樂，不僅能自我享受，還能分享親朋好友，或是學成以後自己創業，皆大歡喜。只要有了麵粉、奶油、乳粉、葡萄乾、水果、核桃、天然酵母等，各種各樣的材料，您就可以像變魔術一般，做出各種花樣的中西式點心和麵包。

華人的麵食也一樣，例如蔥油餅、包子和餃子，用同樣的蔥、豬肉、油、鹽和醬油，將這些材料交給不同的人來做，十人十個樣，口味風味絕不相同。相信很多人都會有這樣的經驗，真是奇妙。有一次，筆者在比利時的首都布魯塞爾的一間小店，生平第一次吃到阿拉伯「蔥油餅」，它的味道真是絕妙，至今難以忘懷。

■學做菜

作菜是一門大學問。說起中菜，名堂甚多，地大物博，每個地域各有特色，原則上是「南甜北鹹、東辣西酸」。不過，由

於人口的流動，加上創意的「氾濫」，所謂純粹的北方菜或是南方菜，已經不多見。除非您造訪某個地方，還可以吃到「古早味」，否則都是東南西北大會串，現在多國籍創意料理還非常受歡迎呢。

在日本，數年前開始流行「和洋式」，所謂的意大利菜或是法國菜，曾經轟動一時。簡單的說，就是採用日本的食材，以西式的烹調法加上自己的創意，做出來的西式日本餐點。日本人將這種做法稱之為「洋材和用」。他們以一份日幣1,500円至2,000円的價格推出中午套餐，吸引了很多單身的女性上班族和家庭主婦。另外傳統的日本菜，大部分是生食，或燒烤或水煮，像「炉辺焼き」的吃法，在東京已很少見，幾乎都轉型成「居酒屋」。

日本的壽司，在全世界都很受歡迎。吃壽司的正確方法應該是用手拿著吃。醬油叫：「むらさき。」、茶叫：「あがり。」當然「わさび」是少不了的。有一件發生在紐約的日本壽司店裡一個有趣的故事，一位洋人朋友，在店裡點了一份什錦壽司，他不喜歡芥末的味道，於是他拿出自己帶來的番茄醬，開心的沾著吃。日本人的老闆看到之後直搖頭，面帶悲傷的勸他別這樣。洋人朋友有些不高興地回答："Why not？I like it！"。

是的，Why not！不同文化產生的創意也是可接受的。餐點的世界浩瀚無窮，從材料、調味、做法、擺盤及出菜的樣式氣氛，甚至吃法，五花八門、無奇不有。總歸一句話，健康又美味是基本元素，至於創意就靠各家各顯神通了。這大概就是餐飲文

化的新定義吧。

■中國茶藝

十幾年前，因為學術交流的機會，訪問了中國大陸，到了杭州的浙江茶葉博物館，仔細聽了講解員述說茶的歷史和「陸羽茶經」，也欣賞了他們的茶藝表演。後來筆者在臺灣也造訪了臺中谷關、南投松柏嶺及新北市的深坑和木柵區，觀看了茶的製造過程。深刻瞭解茶農的辛勞，同時也習得了選茶、品茗的知識，讓人感嘆不已。

其實八〇年代開始，臺灣就開始流行冷飲的茶藝館及泡茶的茶堂。至今仍舊風采不減，也開始受到外國朋友的讚賞，法國人還說：「一邊喝臺灣茶，一邊吃起司。」近年政府也積極推動一系列活動將臺灣茶與茶文化介紹給全球愛茶的人士。

日本的茶道，原本是戰國時代武士藉由準備茶事來修養心性的。集日本茶道之大成者千利休認為，用茶道精神「和敬清寂」來表達茶與心的交流。進而學習自然與人事物之間的協調性、相互尊敬、喜歡整潔、生活樸素。比較起來，中華茶藝就顯得輕鬆一些，這是因為民族性和文化背景不同的關係。不過，具代表性的中華茶藝，將如何繼續發揚光大，若能媲美咖啡文化世界，將是眾人所期待的未來式。

前面談過，休閒（包括運動和健康飲食）與學習是密不可分的。除非在退休之前已經長年從事某種運動休閒活動，而且頗有心得與經驗。否則，剛退休的朋友在加入任何的休閒活動時，仍應抱著學習的心態，才會在沒有壓力的情況下，藉由學長姐的指導，繼續堅持下去。才能真正找到樂趣的源頭，實現當初參與這項休閒活動的目的。千萬不要一開始就想著，把休閒的享受和事業的發展混在一起，如此不但會失去原有運動休閒的樂趣，也會給自己增加心理的負擔，對已退休的朋友來說並不合適。

當然，運動休閒與學習的領域既寬且廣。前面所列舉的參考資料，僅能提供給中高齡朋友作為一部分的選項，其他的項目不勝枚舉，需要衡量自己的體力、財力和環境條件，選一、二個最適合自己的項目，甚至也可以加入自己的創意，不需要堅持正規活動所講的規則，只要能達到運動休閒的目的即可（如**表4-2**）。運動休閒生活是必須要的，質的好壞會直接影響到您的心理和生理健康。以樂觀和好奇的態度，參與群體的運動休閒活動，絕對是有百利而無害的。生活在現代社會的我們是很幸福的。這個社會提供了很多這樣趣味的機會，而且資訊的取得又非常容易，我們應該懷著感恩的心情，好好利用接下來的快樂生活。

表4-2　其他的運動休閒活動選項

項目	益處
讀書	「書中自有黃金屋，書中自有顏如玉」
高爾夫（含練習場）	結合運動與自然，一舉兩得
騎馬	親近人類的好朋友，體會草原生活
瑜伽	健身及培養耐力
足球和籃球	健身及培養團隊精神與默契
有氧體操	健身和排除壓力
花藝	接觸自然，陶冶心情
自行車旅行	運動、經濟和環保
民族舞蹈	溫和運動，又可一窺不同的民族文化
觀鳥	接近大自然
飼養寵物	親近動物，培養萬物一體的愛心
寺廟巡禮	清心寡欲，重新出發
紙雕	藝術與創意
裁縫	實用與創意
電子產品	興趣與科技新知
下棋	沉靜與思考
業餘無線和模型機	電子操控的樂趣
BINGO	動腦遊戲
義工	回饋與奉獻
社交活動	孔子說：「獨學而無友，則孤陋寡聞」

【問題與討論】

一、何謂生涯學習及其重要性為何？

二、為何必須先立定學習的目標？

三、請舉例說明運動休閒與學習的關聯性。

第五章

海外退休生活實例專訪

學習重點

■退休者的生活實況

■退休生活的問題點

AARP（American Association of Retired Persons）是全美退休者協會的簡稱。由全美國五十歲以上的會員組織而成。目前會員共有三千五百萬人，是全世界最大的高齡者組織。全美國五十歲以上的人，約有半數加入這個組織，具有很大的影響力，甚至可以左右美國的總統大選，是美國老人福利的民間組織，其組織內容相當完整，提供高齡者諸多協助，如健康生活（Healthy Living）、健康處理（Conditions & Treatments）、醫生與醫院（Doctors & Hospitals）、醫療與保險（Insurance & Medicare）、長期看護（Long-term Care）、工作（Work）、個人財務（Personal Finance）、退休（Retirement）、消費者資訊（Consumer Information）等等；有興趣者均可以在AARP的網站上找到你所想要的資訊，如**圖**5-1。

AARP認為，退休規劃是一門學問，是需要經營規劃的，因此如何做好退休後的財務管理是相當重要的。AARP組織提供有退休計畫的相關試算評估系統，協助會員做好退休後的財物控管，包括管理儲蓄、退休帳務、工作計劃上的收入與支出等等；此外尚提供退休稅務、支出、收入的自我評量表，供社會大眾下載評量，相當值得國內有志於深耕高齡領域者加以研究探討。

JOIN AARP. TOGETHER, WE CAN REALLY GO PLACES. $16.00 A YEAR.

Social Security Matters. Protect it.

JOIN OR RENEW »

Dear Steve

There has never been a better time to join AARP.

In becoming a member today, you'll join millions of those 50+ who are already enjoying exclusive member benefits, discounts and access to valuable information and tools.

AARP is dedicated to enhancing the quality of life for all those 50+. So join us in our mission to lead positive social change through advocacy, service and information.

Sincerely,

Addison Barry Rand
Chief Executive Officer

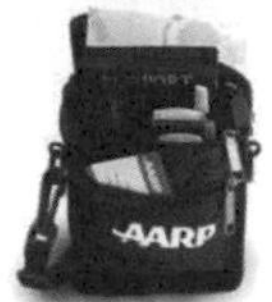

FREE TRAVEL BAG

WHEN YOU JOIN AARP

Stay organized and stylish with this free travel bag when you join AARP today.

JOIN OR RENEW »

BENEFITS INCLUDE ACCESS TO:

- **The Award Winning AARP The Magazine**
  Bi-Monthly *AARP The Magazine* with celebrity feature articles
- **Retirement planning**
  Valuable information on retirement planning
- **Travel discounts**
  Travel discounts on air, hotel, cruise and car rentals
- **Health Plus+ Savings**
  Savings up to 30% on eyewear plus savings on health products, prescriptions and more
- **Driver Safety Program**
  The nation's first and largest course for drivers age 50 and older
- **Free membership**
  for your spouse or partner

AARP is for people 50+.

AARP

No one does more for people over 50. Join to see how we're fighting for you and take advantage of our exclusive information, services and valuable savings designed to improve your everyday life.

BE HEARD

At AARP, we work on the issues that matter to you. Get the latest information on Social Security, Medicare, Medicaid, economic security, health care and health insurance. Our goal is to deliver value through information, advocacy and service.

資料來源：AARP – Health, Travel Deals, Baby Boomers, Election News, Over 50, Online Games, Retirement Plan. http://www.aarp.org/, 2010/09/09.

第一節　實例探討

創造成功退休生活的不二法門：

➩及早計劃＋運動與健康＋寓樂趣於工作之中＋投入＋達觀

➩充實的今天＝快樂的明天

案例一　真的做好退休的準備了嗎

主角：Tom，男性，前貿易公司職員，六十一歲

事件發生地點：美國

一個家庭因為夫妻工作性質的不同，而長期分隔在兩個遙遠的不同國度裡。應該說是為了生活，也為了孩子，他們雙雙努力的維繫著婚姻，即使偶爾會有些爭吵，大致還算平穩地度過，沒有另生枝節。二十餘年聚少離多的日子，也就如此匆匆逝去。然而長期的分居畢竟不是件好事，婚姻關係雖然無礙，但無形之中彼此產生了距離感，一些生活上的習慣也起了微妙的變化。人們終究很難抵擋周遭生活環境的影響，慢慢的潛移默化之下，最明顯的就是對許多事物上的認知出現差距而漸行漸遠。當男主人驚覺到夫妻間的感情開始出現問題，歷經了近一年多的煎熬，徘徊在家庭或工作之間的兩難抉擇，實不知如何是好。在他做出最後決定之時，關心他的朋友們給了他兩個不同的建議。

第一個建議是，未到退休年齡而提早退休是具有危險性的，除非沒有經濟和轉行上的顧慮。在習於長期的工作之下遽然退出職場，心理和生活上的適應力是一個很重要的問題，必須三思，況且放棄一份好的工作也很可惜了。第二個建議則剛好相反，認為在人生的轉折時刻是需要勇氣與決斷力的。對未來生活的規劃，不可能做到完美無缺，而且計劃永遠趕不上變化，就連社會福利也不可能長久不變；例如日本的年金制度，因為受了國家稅收減少的影響，做了不得已的變動，使得日本的年輕人對未來的福利制度不再抱有信心，甚至拒絕加入年金保險制度，而避往國外。所以現有的工作雖然不錯，但是發展的空間已有限，如果安於現狀，反而會在缺乏活力與動力的情況下，終此一生，反而可惜。

Tom為此左思右想，掙扎了很長一段時間，最後徵詢了家人的意見，在家人愛的鼓勵下，選擇了第二項建議，選擇回到家庭的生活。雖然心裡仍有些忐忑不安，他相信自己在家人的鼓勵和支持下，可以開創另一個快樂的人生。

辭去工作後回到家庭的他，剛開始面對一個久違的家，內心充滿了新鮮感與期待。家對他而言並不陌生，但卻又莫名的感到陌生。他抱著好奇的心情，去觀察家裡每一個人的生活作息，和周圍的自然與人文環境。心想總是匆匆來去又忙忙碌碌過了這麼多年，從來沒有如此安靜且踏實的接觸這一切真實感，甚至享受著這份寧靜。他開始覺得有幸福感，雖然同時也發現了一些不以為然的一面，但是對於一個剛從動態轉為靜態生活的人來說，他仍然覺得是有趣的。他規劃了一些要做的事，例如進修、交友、義工或是種植花卉，甚至重新回到職場，Tom充滿了信心與希望。

時間是很無情而且現實的，經過一段平淡無奇的日子之後，他開始覺得慵懶和躁鬱了起來。他的心理和生理都起了變化，最明顯的是一大早起來，他就呆坐在沙發上，問自己今天要做什麼？規劃的事情雖然持續在做，卻不踏實。周邊的人都在懷疑他得了憂鬱症，包括他自己。反省了又反省，發現原因出在新生活的不能適應，還有重新就業所帶來的挫折和經濟上的問題。

分析發生在他身上的生活調適問題，可以歸納如下幾個原因：

■生活方式的驟然改變

退休前的工作環境是一個熱鬧又能享受寧靜的東方城市。人文的接觸、資訊的獲得、生活機能等，都非常方便。簡單的說，是個交通便利，朋友相聚早出晚歸都不受限制。甚至想一個人獨處散心的時候，任何時間都有可以利用的場所，諸如咖啡館和書店或公園等地方。然而，退休後的生活環境卻180度的大改變，是一個個人主義至上的西方城市，價值觀與東方環境的差異性相當大。加上語言的障礙、人種的隔閡、文化習俗的相異和生活方式的改變，使得他從剛開始的好奇心，逐漸產生了無奈、恐懼和逃避的心理。當開始對原本已規劃好的新生活失去信心時，憂鬱

的空氣就開始瀰漫在四周。醫生說憂鬱來自長期的不適、不安、不順、挫折和對自己的不信任，是非常有道理的。不過，這不只是個人的問題，也是一個工業化與現代化社會所衍生出來的普遍問題。就算不是文化相異的社會，發生的頻率也非常高的。日本的社會特別明顯，當然這和民族性也有很大的關聯。

■夫妻之間須重新磨合

雖然支撐Tom最大的力量是來自家庭的愛，但是退休前對他的呵護和鼓勵，多半以感情用事為主，也就是說沒有冷靜的分析過退休生活的利害與得失。而退休後回到家裡朝夕相處，日子日趨平淡，容易失去新鮮感與活力。加上過去夫妻長久分隔兩地，各自打理生活的一切需要，造成生活習慣也各不相同，有意無意之間就產生摩擦，彼此的磨合是需要時間和耐力的。特別是夫妻關係，因為長期的分離加上年齡的增長，感情表達方式也顯遲鈍，使得夫妻之間產生了陌生與距離感。感情的表達方式原本就是一件不容易的事情，而夫妻的恩愛與年輕時期的戀愛關係又不相同。恩愛是成熟的，不像戀愛的衝動。昔日的激情已經隨著時光自然地提升，所以要維繫彼此的良好關係，反而更需要耐心、理智與細微的體貼。

■人際關係的適應不良

Tom曾經考慮過走出去，到外面認識一些志同道合的朋友，擔任義工做些社會貢獻或參與一些社會活動來改變這種平淡無奇的生活。可是才剛進入一個不同的社會，大家互不相識，儘管臥虎藏龍，現代社會裡沒有人會在意您過去的一切，輝煌也好，卑賤也好，都不會比現實來得重要。所以如何忘卻過去，彎下腰，放下身段，從最平凡開始做起，是一個剛退休的人必須面臨的第一道難關。因為非得如此，您才能和大多數的人打成一片。不幸的是Tom失敗了，因為他總忘不了過去那段輝煌的日子，而這份執著阻礙了他通往友誼的那條道路。

當然，這些說起來簡單，然而又有誰能真正的忘記過去呢？特別是過去長期領薪水的生活會養成了一些特有的職業氣息，在與新朋友往來時會不自覺的顯露出來，成為結交新朋友的障礙，使他人覺得難以接近，進而保持距離。還有要注意的是，不可以只參加中高齡的「退休俱樂部」，建議您也需要和較有生氣的年輕族群交往，瞭解他們，獲取新潮動向。雖然不必隨波逐流，但也不能忽視時代的走向。

退休前的規劃不夠周詳

事前對退休後生活的規劃做得不夠周詳，也就是說當時一心只想退了再說，而沒有對可能會發生的各種狀況深思熟慮。前面說過，退休前的生活是動態的，而退休後的生活是靜態的。這之間的落差很大，除非事前準備充分，否則要馬上適應這個完全不同的新生活是件相當困難的事。最微妙的就是當辦完最後的離職

手續，然後上完最後一天班的時候，回到家的第二天早晨，那種感覺大概只有退休的人自己最清楚了，問題是這種感覺通常不會持續太久。畢竟在一段時日之後，還是得面對現實的生活，至於經濟生活的挫折，對Tom的影響雖然暫時並不明顯，卻是一個潛在的威脅。前面提到，除非已經擁有非常充裕且穩定的經濟力量作為後盾，否則人算不如天算，計劃趕不上變化，事前事後的落差必定很大。

Tom承認當初對退休後生活的經濟來源考慮得不夠周詳，只是做了粗略的估計，覺得應該可以勉強維持最基本的生活，並認為再去打拼的話應該就夠用了。這就猶如背水一戰，雖有決心與勇氣，卻也需要一點運氣。意外的是，Tom的轉行過程並不順利，而且又出現了一些預想不到的開銷。還好省吃儉用，就算稍微透支一點過去的存款，或家人幫忙補貼一點，也就安然度過了。剛一開始時雖說自己也覺得還好，然而一段時間之後，一個曾經不愁吃穿的他，開始逐漸恐慌了起來。他問自己，這個過渡期到底要等多久呢？憂鬱的情緒慢慢地湧上了他的心頭，他變得不快樂，也容易發脾氣、鬧脾氣。

在整個大環境不景氣的同時，年輕世代正與中年世代在競爭工作機會，更遑論已退休的一代。他的求職之路似乎是一條慢慢的長路，他開始失去耐性。雖然家人對他的諒解是真心的，但是幫助卻是有限的，雖然還不至於到「貧賤夫妻百事哀」的地步，可是「久病床前無孝子」，時間長了，與家人的關係就會出現

問題，開始互相埋怨了起來。家人覺得他應該更積極的去學習新知，再嘗試找新的工作，甚至誤以為他的情緒不好或許是因為更年期的關係。他自己卻認為自己為了這個家辛苦了一輩子，為什麼到頭來還是如此痛苦？家人豈不也有責任？把一些無心之言誤認為是對他的侮辱，於是整個家庭的氣氛就陷入了低潮。其實問題很明顯是出自於對經濟生活不安的恐慌。這是一個危機，在現今的社會裡並不少見。還好這個家庭的成員都還算理智，冷靜下來以後，都還能安然度過，否則很容易釀成悲劇。

■走出陰霾

長期情緒上的不穩，使Tom開始自暴自棄，也加深了他的憂鬱。從他的臉上已找不出往日的自信與光彩，他變成一個很不快樂的人。Tom滿腦子都想著錢，卻又無法立刻解決這個問題。他看不慣這個社會的一切，怨恨所有的人，更痛恨他自己的無能。好幾次衝動的想要結束自己的生命。

家人終於意識到問題的嚴重性。他們安排了一次長途旅行，帶著他去看看外面的世界，然後安排了一些活動，讓他認識了幾位和他個性相似的朋友。其中有兩位出身背景完全不同的朋友，都曾經歷過很辛苦的遭遇，後來也都能從憂鬱的陰霾中站起來，這兩位朋友非常瞭解與同情Tom的情形，他們並沒有採用宗教的方式，而是介紹他參與兩項共同的活動：一個是茶會，另一個是游泳。兩個活動中都有不同背景和不同國籍的人。漸漸的他在活動中發現到這個小社會裡也有著很多的人情溫暖，他看到了不管過去曾經是地位顯赫的人，或是一直都是默默無聞的人。大家同樣都會有煩惱，相同的是大家在退休以後，都會試著忘掉過去，選擇回歸到一個平靜而沒有分別心的小社會裡，就如老子說的「反璞歸真」。於是，他「怒濤洶湧」的心逐漸開始平靜下來，經過一段時日以後，周圍的朋友也知道了他擁有特別的才能，在肯定他的能力以後，開始請求Tom傳授他的知識。很快的，Tom變得快活了起來，從他的臉上逐漸找回了往昔的自信。Tom說了自他退休以後從來沒說過的話：

> 「我感謝我的家人和朋友對我的不離不棄，我知道要期待別人的關懷之前，必須先表示對別人的關心以及做好自我的調適。我已經知道接下去應該走的路。我將會透過學習，重新站起來，努力解決自己的問題。雖然還有一段路要走，但是我會踏實而平穩地走下去」。

案例二　喪偶後的人生

主角：Mary，女性，五十八歲
事件發生地點：日本

早在二十幾年前，Mary女士隨著丈夫，抱著尋求自由與淘金夢，以非法的手段到了日本。其實，她當初曾極力反對離鄉背井到異地奮鬥。她對丈夫說：「我們雖然沒有什麼財產，可也是小康之家。只要把孩子好好撫養成人，又何需奢求什麼？」。可是她丈夫是一位有高遠抱負的人，他認為留在家鄉，學歷平平，再過十幾二十年，充其量也不過是個泛泛之輩，還不如出去闖闖。於是Mary女士就咬緊牙關將唯一的孩子，託付給自己的姐姐，跟著丈夫到了一個人生地不熟的國度，打算用十年的努力，闖出屬於自己的一片天來。最起碼也要能夠拿到合法的身分，能安穩定居下來。

因為沒有合法身分，語言不通又沒有錢的關係，夫妻兩個人，剛開始只能躲在中國人所開的餐廳裡打工，根本不可能到學校裡學習語言技能等。就這樣躲躲藏藏的過了兩年左右，省吃儉用的存下了一筆在當時還不算少的錢。

當時的日本經濟繁榮還沒有發生泡沫化，晚上6點一過，大街小巷的小酒館和小食堂，幾乎都有六、七成的常客，又喝又唱的，直到末班電車進站前才意猶未盡的離去。而且當時的日本大學生還不習慣到這樣的「居酒屋」裡打工，加上從中國大陸或是中東來打工的人也不多，於是只要去應徵工作，工作內容也多半是洗碗盤或清潔等，老闆大多會說：「那您就來上班吧！」不會像現在一樣，會先查明身分資格等。

夫妻兩個人前後各自在居酒屋、麵包房、麥當勞還有建築工地，拼命的賺錢，甚至晚上還到地下鐵建築工地挖掘坑道，為的是這份工作拿到的報酬比較多。至於住的地方就是簡陋的四帖

榻榻米房間，只有一個小小廚台，洗澡則要去「錢湯」，為了省錢，三天才去一次。吃飯也很簡單，日本打工的店家基本上都會提供一餐簡單的飯菜，其餘的有時候就用香蕉果腹。

吃苦耐勞的結果，終於有了一些積蓄。此時Mary女士的先生就想，當初在大陸好歹也是個知識分子，現在不能為了存幾個錢，就如此漫無目標的過下去。於是就聽了朋友建議到一般的語言學校，先把日語學好，再進一步唸書拿個碩士學位。就在此時，他的身體出現了異狀，腸、膽和心臟都出了問題，過去身體健壯得很，怎麼來了日本就得病了呢？原來是為了賺錢日以繼夜打工造成的。但是他並不予理會，繼續唸書，一邊用辛苦存下來的錢，與朋友合夥開了一家專賣中國食品的雜貨店，妻子也在店裡幫忙。此時自中國大陸到日本唸書和打工的人愈來愈多，自然對中國食品的需求量也就愈來愈高。這正是Mary女士夫妻倆成功創造財富的最好時機。

因為生意實在是太好了，便遭到他人的嫉妒。當時，有一些人的觀念是很奇怪的，他們不看別人努力的過程，只曉得嫉妒別人所獲得的成果，認為同樣是人，為什麼他們能有，自己卻沒有。有一天，日本法務局和稅務署的人來尋查，就以沒有合法的居留身分、逃稅及違反外匯法為罪由，逮捕了男主人和幫忙的妻子。由於當初開業的商店是以日本人的名義申請登記的，所以繳了稅以後，不久又可以重新營業了。生意依舊繁盛，只是已經換了主人。

Mary女士的先生神通廣大，最後透過了關係，夫妻倆都取得了庇護留了下來。可是辛苦創立的店也已經轉手，所存的錢也為了打通關係，花得差不多了。同時夫妻倆的健康也已明顯的惡化，此時年紀都已逼近六十歲。不知為何，Mary女士的先生突然提出了分手的要求，他說：「來日本奮鬥了這麼多年，最後卻是一場空，我對不起妳。人生短暫，沒有顏面回國，也不想再拖累妳，離婚後就去找個已經退休又有積蓄的日本人過好日子吧！」Mary女士在幾經痛苦的思考後，同意了他的要求。她的先生也在他們離婚後的半年離開了人世。

Mary女士現在是日本人「深谷」的妻子。深谷和一般的日本人不大相同，他原來是一間農業研究所的資深研究員，曾經多次到中國大陸做過研究與農業技術的交流。對中國有著深度的理解，也很喜歡中國。在娶Mary女士以前，他們就商量好，要把餘生和所有的錢，用在周遊世界的旅行上，他們要盡可能玩遍世界的遺跡，然後到中國的西南落後地區，辦一所學校，並且指導當地農民進行植物品種改良計劃。Mary女士則可以充當翻譯，在旁協助。

Mary女士說，因為自己曾經有過那一段痛苦的經驗，所以不會把現在想要做的事當成是一個夢想而已，她認為是一個必須達成的計劃。她說：

「首先，我已經覺悟到自己已經不像過去一樣有著沉重的負擔，而且我的年紀也已經過了六十歲，在任何

國家，這都是退休的年齡。我無意再去闖蕩一番事業，可是又不願如此平淡的度過餘生。那麼最好的路，就是去照顧和培養那些需要幫助的孩子們。讓他們將來不要走太多的冤枉路，能早點找到自己想要做的事。為自己的家庭也好，為這個社會也好，都是一件有意義的事。我雖然再婚，嫁的是一位已有積蓄，又有固定年金收入的人，但是我不覬覦他的錢，並且鼓勵他把生活計劃以外的錢用在回饋社會的事業上。

我的計劃是腳踏實地的。首先，我明白地瞭解到什麼是我想做的和什麼是我能做的。我出身於中國的西南，深刻瞭解到當地貧苦地區孩子渴望求學的心情。即使有能力進入較好的學校，也因為資訊得來不易，不知道自己將來的奮鬥目標。孩子們只知道長大以後要多賺一點錢孝順父母，但是憑什麼來賺錢、如何賺錢卻一點都不明白。他們大多都不知道除了錢以外，這世界上還有許多值得去珍惜和值得去做的事情。我想用我的故事告訴他們。

我抱著感恩的心，和我的丈夫商討了以後，決定先將預算編列出來。當然，錢是不夠的，我先生就去找他的兄弟幫忙。他不願去找家族以外的人，擔心被誤以為是詐欺。他想等學校成立以後再讓大家參觀，屆時再邀請他們加入這個行列。

我們跟當地的政府表達了這個意願，也提出了具體計劃，受到他們的歡迎。這是一個奉獻的工作而不是盈利的事業，我們希望將每一分錢都用在這個事業上。我們的教員大部分都是來自外地的退休老師，職員則是雇用當地的人才，那些願意為鄉土服務的年輕人。書籍則是來自捐獻和廉價向圖書館購買的舊書。我們知道，這樣還是不夠的，目前也不能和一般的學校相比，但是我相信總有一天會變得更美好。即使我們都已不在人世，也必定會有接班人繼續努力。

我們的信念是讓這些孩子能夠和都市的孩子一樣，得到新知，確定人生的目標，並且培養出一種正確的價值觀，那就是「自助助人」的社會互助理念。如果我們還有餘力，也會由我的丈夫來帶頭，發揮他的專業知識，協助本地的農民來改良他們的農業技術和有計劃的種植一些經濟作物，來脫離貧困。」

Mary女士拿出了他們已在進行的計劃書和一些照片，並且介紹她的現任丈夫——深谷先生。看到他們積極而充滿著希望的眼神，也從他們的談吐和計劃中體會到了樸實而有著偉大奉獻精神的一面。祝福他們，也希望有一天，自己、還有更多的退休朋友也能加入這樣的行列。

第二節　訪問調查

調查對象：美國加州洛杉磯地區已退休六十歲以上華人對象50人

調查時間：2010年5月至2011年8月

1.家事及工作以外的生活方式：
(1)看電視及聽收音機。 (2)園藝。 (3)看報紙及雜誌。 (4)參加社區所舉辦的中高齡活動。 (5)與朋友聊天或打麻將。 (6)逛超級市場（非購物）。 (7)呆坐回憶過去。 (8)學習。 (9)週末和子女外出逛購物中心。 (10)看書。 【這項調查結果顯示：對學習的熱心度不高，和子女的互動也不高。】
2.生活的苦惱與不安：
(1)寂寞。 (2)病痛時的醫療保險和家庭的照顧。 (3)稅金和各項保險費太高，擔心生活費不夠用。 (4)語言溝通的障礙，致使無法融入主流社會。 (5)與下一代之間的代溝問題，甚於國內。 (6)擔心過度開放的社會所引起的後遺症。 (7)生活機能的不便（交通及購物等），生活形態單調。 (8)人在國外，心在國內。 (9)看不慣異國文化，卻又不知所措。 (10)無法和子女住在一起，可是又無法獨立生活。 (11)對子女有期待，卻沒有信心。 (12)是否還想要「葉落歸根」？

3.生活滿意之處：
(1)生活空間寬闊，自由自在。 (2)民生物價平穩，也無太多額外開銷，生活預算較易控制。 (3)社區的環境整理較為制度化，較無凌亂的現象。
4.有苦惱時最希望的傾吐對象：
(1)男性：朋友，其次為子女。 (2)女性：子女，其次為朋友。
5.最想要做的事：
普遍希望多參加活動，認識朋友。

註：排序方式依圈選項目人數多者為先，不分性別。

【國人退休金 平均存90萬】

■薪水都不夠花僅比印度好

滙豐人壽於2011年公布對全球十七國民眾所做的退休金資產調查發現，臺灣的勞動人口中雖有六成為退休訂定財務規劃，但退休時平均所累積的資產只有90萬元，低於亞洲平均的1,051,000元，居亞洲倒數第二。

根據滙豐的調查，臺灣受訪者於退休時平均持有資產為90萬元，不但低於亞洲受訪者平均的1,051,000元，也低於多數的亞洲國家，名列倒數第二，僅高於印度的46萬元。第一名為新加坡的275萬元，其次為香港的121萬元。

■六成民眾有規劃

調查顯示，有六成臺灣受訪者都有為家人及自己進行財務

規劃。其中有三成六民眾曾尋求過專業建議，例如找保險公司及銀行，希望能夠錢滾錢；至於沒有做財務規劃的民眾，高達七成主因是沒錢，也有二成七的人不知如何著手。

調查也顯示，有三分之二的臺灣民眾擔心或有點擔心退休後的經濟狀況，但仍有超過一成的受訪者完全沒想到退休時的經濟問題。

■所得二十年沒提高

政治大學風險管理與保險系教授彭金隆指出，這份調查顯示，臺灣人累積退休資產偏低，可能與國情不同有所影響。一般存退休金除了儲蓄外，臺灣家庭會在年輕時把賺來的錢買房子過戶給小孩，也有人會花在孩子身上，讓孩子學才藝、出國留學，因此手邊存留資金不夠多。

臺灣經濟研究院研究六所所長楊家彥表示，國人的退休金準備確實偏低，主要是國人必須負擔健保，因此在老年之後的醫療支出，相對於其他國家將較低，其次是臺灣近二十年的薪資水準偏低，對照於二十年前與現在，一般上班族的薪資水準並沒有提升太多，因此在退休金準備上自然不會太高。再者，城鄉間的貧富差距大，也是造成退休金準備平均金額不高的因素。

資料來源：李亮萱、林潔禎文（2011年07月13日）。摘自蘋果日報 頭條要聞，「國人退休金 平均存90萬」，http://tw.nextmedia.com/applenews/article/art_id/33524173/IssueID/20110713，檢索日期：2012年2月2日。

【問題與討論】

一、請敘述所知退休者生活案例。

二、退休者實際生活中的問題何在？

第六章

共創幸福美好的第二人生

■對中高齡者應有的尊重與關懷

■走出憂鬱的哲學思維

■讓高齡者有免於詐欺的恐懼

日本有一句很美、又有意義的話，叫做「人間國寶」，是指一些身懷絕技的老人，他們大多終其一生專研一種技術或藝術，很有成就，卻無後繼者。這些還活著的人就是這個社會或國家的「活寶貝」，一旦他們走了，就是社會和國家莫大的損失，所以非常尊敬和珍惜他們，就尊稱他們為「人間國寶」。

另外，日本還有社會高齡化的傾向，也就是所謂少子化造成學齡人口的減少，將來會直接影響到勞動人口減少的問題。學齡人口的減少，使得許多小學不得不進行合併或裁撤，也讓許多大學因為招不到學生，只好緊急的進行各項改革。雖然改革是件好事，可以突顯特色並增加競爭力，但問題是學齡人口減少的現象，不可能因為短期內進行教育改革而獲得改善，也無法改變國家財政困難所造成的社會病痛。因為工作人口的減少會直接影響政府的稅收，各項政策的實行又會因為預算不足而無法貫徹。特別是那些過去在戰爭中倖存的人們承擔了戰後的重建，接著嬰兒潮出生的人們在成長後又接下了延續發展的棒子。如今這些在嬰兒潮出生的人們，都屆臨在已退休或即將退休的年齡。他們退休後所應該享有的「老人社會福利」和職場上所留下來的大空缺，帶給日本政府很大的負擔和憂慮。

日本政府基於國家安全考量，不敢像西歐的法國和德國一樣，引進大量外勞（僅有限度地放寬外國留學生申請留日就業的規定），於是迫不得已採取了兩個對策。一個是延後退休的年齡。2004年，根據日本國會所審議通過的「改正高年齡者僱用

安定法」，於經過一些階段性準備措施後，把正式退休年齡重新定位在六十五歲。因為是新訂法律，於舊制度下的受僱員工並不適用。所以目前六十歲可以退，六十三歲也可以退，如果願意的話，當然歡迎做到六十五歲。工作形態則可以延續正式職缺，也可以改為「囑托」或是「契約制」。不過，政府不能強制，必須由僱用單位斟酌營運情況，並與員工協商。

另一個則是倡導人才的「再生」。「再生」也是一個意義深遠，又很容易懂的名詞。實際上是讓人才重返社會的意思。這些在戰後嬰兒潮出生的人，因為營養攝取較戰前容易，運動也較普及，健康情況平均都不錯。而且當時在職場上也大多兢兢業業，習得了一些技術，成就了戰後經濟的復甦。如今若能讓這些人繼續為社會服務，可以一舉解決工作人口不足、技術傳承青黃不接和支付老人社會福利所產生的財政問題。這幾年鄰近的中國大陸和臺灣，也紛紛到日本取經並積極延攬這些已退休的技術人才。看來，中高齡的退休人才已成為社會所競相爭取的對象，不過這其中隱藏著許多的矛盾，例如經營不善和有財務危機的企業，因為不斷的裁員又鼓勵員工提早退休，於是和工會鬧得不可開交。

再者，政府相關部門則在勸導延緩退休年齡或鼓勵退休後轉行或倡導人才回流，同時整頓年金制度，並將一般支付年金的年齡提高到六十五歲以後。雖然如此可以暫時減緩財政支出的困難，但是就業人口不足的危機若不能在十年內減緩，年金給付年齡勢必還要往後延，將來甚至會有大幅度減額或是有停擺的可能性。這是非常令人擔憂的事。於是現在的年輕人已經對年金保障制度及老人相關福利不再抱有信心，開始不排斥那些沒有福利保障的工作。

與其去培養訓練一批年輕的技術人才，還不如去採用一些已退休而技術卻很熟練的技師，加上成本又低，是目前多數日本企業的新人才戰略。在第三章裡提到過，這是退休朋友的一大機會，可是又因正逢嬰兒潮人口退休的高峰期，雖有機會卻並不表示大家一定有機會，多半僅限定於技術人才。

可是就日本整體國家戰略而言，這些技術純熟的技師勞動力，最多也只有十五年左右的光景，正如前述「人間國寶」一樣，政府若不能培養出有才能的年輕接班人，將是國家的一大隱憂。所以如何兼顧國家整體經濟發展和下一代人才的培訓，是當前日本政府的重大課題。相信全世界其他國家也是一樣。

換句話說，退休的人們在現今社會裡的地位和所代表的意義，已不可與往昔同日而語。如何拉近他們與年輕一代之間的距離，並促進知能、技能上的交流，不僅是企業或政府的責任，也是生活在現代社會的人們所應審慎思考的一件事。退休的朋友也應積極面對這一個趨勢，挺身而出，以另一種方式和心態來貢獻社會，相信更能獲得社會的尊敬。

第一節　尊重與關懷

一般來說，高齡者的生活模式，可分為享樂、進取、隨遇而安和逆來順受幾種類型。雖然如前面所言，退休前就應該對自己未來的生活做好規劃，但事實上並非所有的人都能真正地如心所願。大多數人仍處於一個沒有自信與安全感的心理環境之中，都非常需要家人、朋友和社會的關心。他們和年輕人一樣，需要有一個正常的生活，需要和整個社會有一個良性的互動。

一個健全的社會能對所有曾經為這個社會貢獻過的人們，提供最基本的生活支柱（年金）和醫療保障，甚至還有其他各種的優惠服務。例如利用交通工具和參觀活動的優待及服務。在日本也有類似的服務，在美國對Senior的親切態度，更是令人讚賞，許多餐廳甚至還提供特別優待價格給中高齡的顧客。這些都是大家有目共睹的事實。

雖然如此，社會的角落裡仍有一些令人不以為然的現象存在。臺灣的媒體常有這樣的描述，例如「有一位六十歲的老翁和一位五十餘歲的老婦……」，這種說法對我們來說並不陌生，因為我們以前也曾經說過這樣的話，只是隨著年齡的增長，以及對「養兒方知父母心」的覺悟，自然而然地理解這樣的說法有些不友善也不太尊重人。試想，人是公平的，我增長一歲，大家也必然增長一歲，無論富貴貧賤。也許在某個社會文化裡，有人認為

這是一種具有鄉土氣息的親暱稱呼，但也應依場合而異。媒體與當事人非親非故，這種稱呼有失客觀，而且非常不禮貌，令人驚訝於臺灣的媒體教育之不足與不良。

筆者有位多年的友人談到，他在離開臺灣三十餘年後，數年前的一次回臺旅程裡，發現臺灣各地鄉鎮區公所公務員的服務態度超出想像的好，堪稱世界一流。有一位年紀大約七十上下的榮民到臺北大安區公所辦理健保卡遺失登記及補發。因為他忘了帶照片，而被承辦人員要求下次再來補辦。但是這位榮民或許是行動不方便及其他的原因，有著無奈且急躁的情緒表現，一邊在身上的口袋裡找來找去，一邊自言自語地說：「我應該帶了照片呀，怎麼會不見呢？」。這時站在一邊注視著他的一位年輕的女公務員，很親切地對他說：「伯伯，不要急，沒有關係。我們這裡有您過去的資料，您就先用沒有照片的保險證，下次再來的時候，記得把照片帶來哦！」。友人在旁邊，覺得好感動，她的那一聲「伯伯」是多麼地親切呀！

在坊間常常聽到各種對中年以上的人，很多語帶輕蔑或虛偽的稱呼和說話方式，像這樣的語言文化是不是應該反省，而媒體更應該起帶頭示範才對。請問到底多少歲才是老中青的嚴密界限？在西方，對年長的女性仍然稱呼"Miss"，是一種尊敬和禮貌的表現，無論她的年齡如何。在臺灣除了「老翁與老阿媽」外，就沒有別的稱呼嗎？

尊重與關懷不只限於下對上，也應擴及到同輩或上對下之

間。必須發揚光大我們的美德：「老吾老以及人之老，幼吾幼以及人之幼」的精神，才會彼此尊敬，社會也才能更趨向和諧。

這是一段發生在美國加州洛杉磯的一位患者與醫生間的對話，A君是脊椎疼痛患者六十五歲，B君是健康脊骨神經保健醫生朱博駿，他們的對話如下：

A：這把年紀，一不小心，就會傷到腰。真要命！

B：不，其實年輕人也會。可能是您以前受傷後，沒有完全復原，留下的後遺症。而且這種傷痛，即使復原，一不小心，還會再復發的。

A：那為什麼來您醫院的，大半都是年紀大的人呢？這就證明老人容易傷到，不中用了。

B：不，您別這麼想。那是因為我這裡交通比較方便的關係。

A：真的嗎？您父親有多大年紀了？他的腰怎麼樣？會像我這把老骨頭一樣常常痛嗎？

B：我父親六十八歲了，但是很少腰痛。

A：是嗎？六十八歲，也不算小了。比我大，應該會更痛才對呀！

B：不是的，他總覺得自己還很年輕，不會老坐在那裡，常常做做柔軟的護腰運動，……。不過，他一痛，我就馬上把他給治好了。我還交代他說，爸爸，您可千萬別亂動，老就是老，要承認，年紀可是不饒人……啊！

A：咦……

本文業已經過朱醫師同意刊載，雖添加了一些對話材料，但筆者想要說明的是，朱醫師在整個言談中，充分表達了他對高齡病患的禮貌和尊重。

日本敬老節的起源

■敬老節的由來

日本敬老節定在每年9月的第三個星期天。原本日本的敬老節是每年的9月15日，後來為了配合行政改革，乃將之改定於每年9月的第三個星期天。昭和29年以前，稱之為老人節，其後為表示尊敬，就改為現在的「敬老の日」，並定為國定紀念日。

其由來之說，有各種版本，比較可信的有下列兩種：

1. 相傳日本聖德太子在大阪建四天王寺時，在裡面蓋了四個院：敬田院、悲田院、施藥院、療病院。其中第二個院——悲田院，就相當於現在的老人療養院。而悲田院是9月15日完工的，敬老節之名於焉誕生。
2. 日本元正天皇於西元717年至岐阜県的養老瀑布參訪。感於水質甜美，乃稱：「可以此水養老。若能成此水之精靈，將大赦天下。並將靈龜3年改為養老元年」。另外尚

有一個傳說是，敬老節出自一位孝子思念已逝的父親，而至岐阜県的養老瀑布前許願，希望以酒來供養父親，靈泉隨即湧出了美酒。

目前，每逢9月中旬，日本各地就有一些敬老集會，用以表達對高齡者內心的尊敬和感謝之意。

資料來源：Wikipedia。檢索自維京百科事典，http://ja.Wikipedia.org，檢索日期：2012年2月7日。

第二節　突破憂鬱的哲學思維

我們都知道在中國歷史上，春秋時代出了一位偉大的思想家——孔子，他的教化影響了大半個中國的歷史，成為中華文化的主流，並且遠揚海外。我們也知道另一位思想家——老子，他的思想深藏在中國人的內心深處，也同樣有著很大的影響力。華人的入世思想是孔孟，出世思想則是老莊。筆者想先引用張起鈞和吳怡兩位教授在《中國哲學史話》（吳怡、張起鈞，2006）〈莊子篇〉裡所做的解釋，再來比較儒家思想和道家思想，讓讀者能輕鬆地禪悟人生的哲理，走出憂鬱，迎向朝陽：

「我們的慾念，就像一個個的竅穴，為了滿足無

盡的慾求，而產生各種不同的追逐行動。試看我們斤斤計較於大小、貴賤、成毀、生死、是非等等，又何嘗不是一種自我的妄想呢？我們有比較心，才會有大小的不同；有虛榮心，才有貴賤的差別；有得失心，才有成毀的感覺；有貪戀心，才有生死的煩惱；有偏執心，才有是非的爭辯。事實上，從高一層的境界來看，卻並無這些差別之相。

「我們都爭大捨小，羨貴而輕賤，求成而避毀，貪生而怕死，是己而非人。我們為了小名小利，便勾心鬥角；我們得到了一點小名小利，就沾沾自喜。這正像秋天漲水時的那些江河，看到百川支流，湧進了自己的懷抱，便得意忘形，以為天下之美，盡在於己。可是等到川流入海，看到天地一線，無窮無際時，才望洋興嘆，悔悟昔日的淺薄無知。

「一切的偏見執著都是慾念的作祟，所以我們要破除差別之相，首先應捨棄選擇貪取之心；而要捨棄選擇貪取之心，工夫就在一個『忘』字。所謂忘，就是要忘毀譽、忘利害、忘生死、忘是非。

「孔墨家是直接參與於社會的改革，希望能大刀闊斧的解決問題；而老子和莊子卻是在人類智慧的園地中辛勤的耕耘，希望智慧愈多，問題愈少。順應自然，能不用刀剪，便把整個世界自然地美化起來。」

筆者認為，孔子告訴我們做人的道理與做事的原則，而莊子教導我們捨棄淺薄的是非之心。兩個人的思想都是積極進取，只是前者講的是正面的努力，而後者則是要我們以智慧避開人生道路上的阻礙。兩者最終都是同一個目標，就是追求「幸福的人生」。中高齡的朋友，也許您即將要退休，也許您已經退休，還有年輕的朋友，相信您們在人生的道路上，都曾遇過挫折，但是千萬別阻礙就停止了前進，陷入了憂鬱的幽谷。要像莊子一樣，我們也可以悟出一個將悲觀與樂觀融合在一起的達觀主義。

家喻戶曉的諸葛孔明先生曾說過：「淡泊以明志，寧靜而致遠」。如今的許多人瑞也有一些相同的意見，快樂而長壽的秘訣就是保持勞動的習慣、確保心情的愉快、不急不躁和戒除不良的生活習慣。歸根究底，當您能夠管理好您的內心世界，憂鬱就會自然地遠離。

重陽節

■傳說故事

農曆九月初九「重陽」節，又稱「重九」。重九之成為節日，據文字記載最早在漢代〈西京雜記〉載：「漢武帝宮人賈佩蘭，九月九日佩茱萸，食蓬餌，飲菊花酒，云令人長壽。」可見西漢時就有在過所謂的「重九節」。

重陽節經過二千多年的變遷，已成為多元性的節日，並存在著各種習俗，成為一個多彩多姿的節日。民國63年內政部為敬老崇孝而核定重陽節為「老人節」，增加了重陽節的內涵。

■相關習俗

重陽節原有許多特殊的習俗，如吃重陽糕，高與糕諧音，有「百事俱高」的吉祥意義。現在少有此一習俗，倒是以下習俗較常見：

1.祭祀祖先：漳州籍的移民在重陽節供牲醴祭祀祖先。
2.飲菊花酒：喝菊花酒，菊酒與九九諧音，喝菊酒可以延年益壽，活得更「久」。
3.賞菊花：菊花在重陽節時正是盛開的時候，所以重陽賞菊便成為文人雅士的重要活動，並且藉賞菊作詩也是常有的事。
4.登山（高）：登高郊遊，此俗自漢代開始一直到現在，在漢代時除登高郊遊之外，並增加野宴。發展到後來，大家乘登高之便，兼掃先人的墳墓，增加了重陽節慎終追遠的孝親精神。
5.佩茱萸：茱萸在中藥材有去疾殺蟲的作用，民間視為「辟邪翁」。
6.賽風箏：九月是秋天，天高氣爽，過去青少年在這天爭放風箏，俗語說：「九月九，風吹（風箏）滿天哮。」就是重陽滿天飛的景象。現在在國父紀念館或是木柵河堤邊等地，都有放風箏的活動，增添節日的娛樂氣氛。
7.拜訪老人：中國社會是一個敬老尊賢的社會，近年來老人

地位日漸沒落，老人過去對家庭、社會、國家的貢獻，功不可沒，沒有他們過去的努力，就沒有今日社會的繁榮；所以，敬老其實只是對老人過去辛勞的一種精神回報。九九重陽，以其長久長壽之義，定重陽為老人節或敬老節。當日各市區可舉辦到市內訪問人瑞的活動，並舉辦敬老大會，老人們接受各區首長的慰問和贈禮，讓老人們過一個快樂的節日，以宏揚敬老的美德。

資料來源：學習加油站。教育部數位教學資源入口網，http://content.edu.tw/，檢索日期：2012年2月7日。

第三節　慎防詐欺

近年來，亞洲各國的詐欺事件層出不窮，從少數人的惡行，逐漸擴大成有組織的集團犯罪行為。甚至由國內發展到跨國組織，就連海峽兩岸也不得倖免。真是花樣百出，防不勝防。在諸多的詐欺事件中，發現受害者以中高齡的人佔絕大多數。原因是中高齡者多有儲蓄，且賦閒在家，與社會稍有脫節，較無戒心。何況尚有兒孫，其愛心很容易遭人利用。

也有很多中高齡的朋友，自認為人生一路走來，閱歷很多，絕對不會受騙。其實正因為太有自信，反而會做出錯誤的判斷，掉入陷阱。「道高一尺，魔高一丈」不是沒有道理的。一旦受

騙，畢生心血付之一炬，真的要特別留意才好。治安單位已大聲疾呼，提醒大家注意，並積極逮捕嚴懲不法分子。筆者也提出幾點基本防詐要領，以供參考：

1.對各種犯罪手法，要多瞭解，才會有免疫力。

2.天底下，絕對沒有白吃的午餐。

3.不要貪小便宜。

4.錢不露白。

5.要匯款及交款前，一定要三思。到底有沒有問題，先與家人商量一下才好。

6.勿輕信陌生人的電話，有疑點一定要親自查證。

7.甜言蜜語必有詐。

8.詐欺事件已是人盡皆知的事情，政府機關及民間金融機構都已建立防詐機制。有任何問題，可立刻前往查證，以求安全。

9.有熟識且信任的律師，一定要加以詢問，更為恰當。

以下列舉曾發生過的詐欺犯罪手法，讀者務必留意：

1.利用親情，謊稱家人遭遇車禍或事故，要求匯款解決問題。

2.詐稱自己是政府或金融機構職員，謊稱受害者之證件或存款被人盜用，假意協助，詐騙身分資料或存款。

3.利用推銷員手法，挨戶訪問，探聽虛實，強迫推銷不實貨品，詐取錢財。

4.電話推銷並強迫簽下購買契約。

5.假借問卷調查，帶被害人至某處空屋，強迫推銷高價物品。

6.假借公共機關人員，前來檢查水電等設備或收費。

7.威脅利誘，謊稱投資可以立即致富。

8.謊稱全部免費或特別招待在先，其後則要求付出無數倍代價。

9.謊稱具有某種關係或權勢，可以走後門代為處理事情或爭取利益。

另外，對付詐欺分子可以熟記如下的基本要訣：

不輕信　不輕諾　眼觀四面　耳聽八方　等一下，想一下

【問題與討論】

一、為何對中高齡者需要關懷與尊重？

二、請闡述快樂哲學思維。

三、應如何防範詐欺？

附錄　困擾時的聯絡窗口

以下列舉了臺灣、日本、美國對應詐欺時的參考網站：

1.臺灣：

(1)臺灣消費者保護協會：www.cpat.org.tw/

(2)行政院消費者保護委員會：www.cpc.gov.tw

(3)Experian Asia Pacific：www.experian.com.tw/business-services/Fraud.html

(4)各地區的警察單位

(5)您所認識的律師

2.日本：

(1)日本國民生活センター：http://www.kokusen.go.jp

(2)金融「金融サビース利用者相談室」：http://www.fsa.go.jp/receipt/soudansitu/index.html

(3)日本司法支援センター「法テラス」：http://www.houterasu.or.jp/

(4)各地區的警察單位

(5)您所認識的律師

3.美國：

(1)Better Business Bureau：http://www.bbb.org/

(2)各地區的警察單位

(3)您所認識的律師

參考書目

AARP – Health, Travel Deals, Baby Boomers, Election News, Over 50, Online Games, Retirement Plan. http://www.aarp.org/, 2010/09/09.

City of Walnut Senior Center In-Home Care: Senior Center. http://www.ourparents.com/california/walnut/city_of_walnut_senior_center, 2010/07/09.

Wikipedia。轉譯自維京百科事典，http://ja.Wikipedia.org，檢索日期：2012年2月7日。

小林太刀夫、堀原一等著（1988）。《家庭の医学》。東京都：時事通信社。

中華民國太極拳總會編輯。《太極拳圖解》。臺北：中華民國太極拳總會。

中華民國行政院勞工委員會勞工保險局全球資訊網（2011）。國民年金簡介，http://www.bli.gov.tw/sub.aspx?a=EqVSfrb7aT0%3d。檢索日期：2012年1月27日。

文崇一（1989）。《中國人的價值觀》。臺北：東大圖書。

日本經濟新聞生活經濟部編集（2009）。《定年後大全》。日本：日本經濟新聞出版社。

日本學習研究社編集（2001）。《日本タテヨコ》。東京都：日本學習研究社。

布施 克彥著（2005）。《57歲のセカンドハローワーク》。日本東京都千代田區：中経出版。

李亮萱、林潔禎文（2011年07月13日）。摘自蘋果日報 頭條要聞，「國人退休金 平均存90萬」，http://tw.nextmedia.com/applenews/article/art_id/33524173/IssueID/20110713，檢索日期：2012年2月2日。

施純菁譯（1999），Charles R. Schwab著。《養錢防老》。臺北：天下文化。

海外移住情報。www.interq.or.jp/tokyo/ystation，檢索日期：2012年1月28日。另可參考日本國際協力機構JICA，網址：http://www.jica.go.jp/volunteer/。

袁緝輝等編著（1991）。《當代老年社會學》。臺北：水牛出版。

張定綺譯（1993），Mihaly Csikszentmihalyi著。《快樂，從心開始》。臺北：天下文化。

張起鈞、吳怡（2006）。《中國哲學史話》。臺北：東大圖書。

貫明文。轉載自《臺灣新生報》（2011）。「世紀專欄」，〈心慈才能高壽〉。

刊載日期：2011年8月12日。

陳樹祥（2001）。《美國退休金計劃》。臺北：長青文化。

傅家雄（1991）。《老年與老年調適》。臺北：正中書局。

翔年社編集（2005）。《55歲 からの生きがいづくり》。日本東京：翔年社。

華夏經緯網（2007/07/31）。臺灣的全民健保，www.huaxia.com/la/tbchwz/2007/00659568.html。檢索日期：2012年1月27日。

華意蓉譯（2006），井上勝也、長嶋紀一著。《老年心理學》。新北市：五洲出版。

黑幼龍（2006）。《多點思考，更能放鬆》。臺北：天下文化。

鄔昆如（2007）。《西洋哲學十二講》。臺北：東大圖書。

廖彩萍文。〈每天大笑不會老〉，http://www.philcheung.com/Health/LAUG.htm。檢索日期：2012年1月27日。

蔡文輝（1989）。《美國社會與美國華僑》。臺北：東大圖書。

鄧昭昭、陳雪霞（1992）。《均衡飲食》。臺北：味全出版。

學習加油站。教育部數位教學資源入口網，http://content.edu.tw/，檢索日期：2012年2月7日。

錢穆（1982）。《人生十論》。臺北：東大圖書。

羅瓊娟（2010）。〈東アジアの経済倫理と管理思想〉，《作新経営論集第19号》。日本栃木県：作新学院大学経営学部期刊。

羅黨興（1987）。〈老子思想和現實人生〉，《中華民國留日學誌》。臺北：亞東關係協會東京辦事處（臺北經濟文化東京代表處的前身）。

羅黨興（1994）。〈中國哲學之傳統、演變及未來〉，《作新経営論集》。日本栃木県：作新学院大学経営学部期刊。

羅黨興（2007）。〈亞洲新文化〉，《環球雜誌》。北京：新華社。

譚家瑜譯（1998），Jay Heinrichs、Yankee雜誌編輯群著。《簡單活出自己》。臺北：天下文化。

後 記

從參考資料的收集、研究到撰寫大綱的擬定，都經過兩位筆者長時間的討論，在反復的思考之後才開始撰稿。在撰稿的過程中，筆者陸續發現到許多待釐清的問題，一一請教了專家的意見，因為擔心若有誤植，將會給讀者帶來困擾。

一如在序言中所陳述，本書的焦點放在心理的調適與生活的經營。從開始動筆到完稿，都是依照這個原則來撰寫。在採訪一些退休朋友的生活實錄時，遇到一些困難；譬如，有些人不願意說出他們心裡真正的感受，也有幾位保守的朋友甚至擔心公開個人經歷會造成諸多不便；但是幸好都在筆者誠懇的說明之下，他們終於接受了這個訪問調查，使得這些訪談得以順利完成，同時也發覺到這個社會仍然隱藏著許多未被發現的問題，希望將來可以提供給專家學者或政府相關部門參考。我們深深的關心他們，也深深的感謝並祝福他們。

人生只有一次，無論長短，無論是否真能心想事成，想要全力爭取生活的安定無憂，是所有人的共同願望。然而，空有理想無計劃，或是空有計劃而未能付諸實踐，就只能羨慕別人獲得的幸福。「努力與實踐」是絕對必要的。當安頓好了自己，就能嘉惠家庭，並且減輕社會的負擔。還有，如第六章所述，社會全體也都必須懂得尊重和關懷這些曾經為社會奉獻，如今退居第二線的退休長者們。若能再次善用他們的專業長才，再次以不同的方式來服務社會，必是社會與國家之福。

筆者在序文中也有提到，書中所引用的一些參考資料比較偏重於日本和美國，主因是在考慮到實用性時，戰後日本的國情、制度和發展歷程都與臺灣較為類似，加上筆者留日多年的實地經驗，因此提出拙見與讀者分享，共同研究，作為參考。筆者著書，期盡最大努力，唯仍難免有疏漏之處，尚請先進讀者們不吝賜教。同時在完稿的此刻，也誠摯的感謝師長、家人、朋友的鼓勵與支持，使本書得以順利完成。

羅黨興・羅瓊娟

實踐大學

高齡健康促進叢書

退休後的心理調適與生活經營

總 指 導／謝孟雄
總 審 訂／陳振貴
總 策 劃／許義雄
總 校 閱／林國棟
總 主 編／詹益長
著　　者／羅黨興、羅瓊娟
出 版 者／揚智文化事業股份有限公司
發 行 人／葉忠賢
總 編 輯／閻富萍
地　　址／新北市深坑區北深路三段 260 號 8 樓
電　　話／(02)8662-6826　8662-6810
傳　　真／(02)2664-7633
網　　址／http://www.ycrc.com.tw
E-mail／service@ycrc.com.tw
印　　刷／鼎易印刷事業股份有限公司
ISBN／978-986-298-033-0
初版一刷／2012 年 03 月
定　　價／新臺幣 250 元

國家圖書館出版品預行編目資料

退休後的心理調適與生活經營 / 羅黨興，羅瓊娟著. -- 初版. -- 新北市：揚智文化，2012.03
面； 公分. --（社工叢書）
ISBN 978-986-298-033-0（平裝）

1. 退休 2. 生涯規劃 3. 生活指導

544.83 101003889